Westphalen´sche Beiträge

Band 4

Herausgegeben von

Gerlinde Gräfin von Westphalen

und

Raban Graf von Westphalen

Gerlinde Gräfin von Westphalen

Raban Graf von Westphalen (Hg.)

Wisa von Westphalen

„Wie schön müsste es sein zu malen"

Leben und Werk

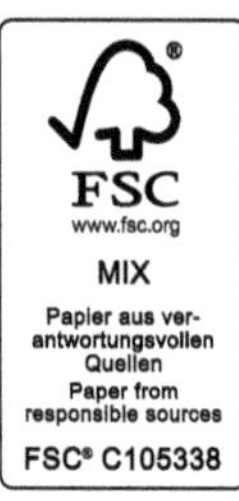

Bibliographische Informationen der Deutschen Nationalbibliothek: Die Deutsche Nationalbibliothek verzeichnet diese Publikation in der Deutschen Nationalbibliographie; detaillierte bibliographische Daten sind im Internet über dnb.dnb.de abrufbar.

Herstellung und Verlag:
BoD – Books on Demand, Norderstedt
ISBN: 978-3-7578-5295-5

INHALT

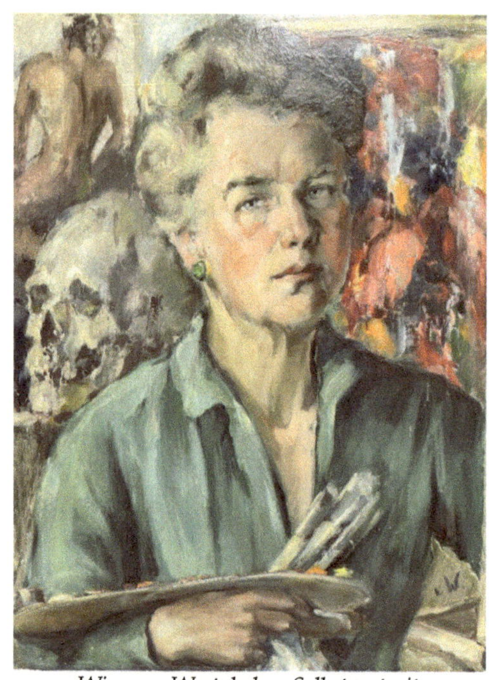

Wisa von Westphalen: Selbstportrait
(Öl, 1975)

I. Leben

Biographische Einleitung:
Wisa und Wilhelm Graf Gräfin Westphalen

von Raban Graf von Westphalen

Aloysia (Wisa) Jenny Maria Wilhelmine Gräfin von Westphalen wurde am 12. Oktober 1910 als älteste Tochter des späteren Warburger Landrats und „Erbmarschall des Fürstentums Paderborn" Joseph Raban Georg Freiherr von Spiegel zu Peckelsheim (1878-1949) und seiner Ehefrau Gertrud geb. Freiin von Amelunxen (1887-1957) geboren.

Im Jahr 1929 wurde Aloysia von ihrer Tante Tusnelda Gräfin von Bocholtz-Asseburg (1854-1949) adoptiert. Tusneldas Mutter - Eleonore Gräfin zu Münster (1818-1882) aus Derneburg - war die Schwester des preußischen und deutschen Botschafters in Petersburg, London und Paris: Fürst Georg zu Münster (1820-1902). Infolge dieser Adoption gelangte das im nachstehenden Text genannte Rittergut Pannwitz (heute: (polnisch) Panowice), 20 Kilometer nördlich von Breslau an der Oder in Aloysias Besitz.

Entscheidenden Einfluss auf die künstlerische Entwicklung Aloysias hatte die Schwester ihres Vaters Elisabeth (1874-1950). Sie wirkte ab 1926 unter dem Ordensnamen "Benedicta" als Äbtissin der Benediktinerinnenabtei St. Walburg im oberbayerischen Eichstätt. Aloysia hat ihre Tante dort häufig und für längere Zeit als junge Frau besucht.

Ihre künstlerische Ausbildung absolvierte Wisa von Westphalen - wie sie sich als Künstlerin später nannte – bei Peter Kálmán (1877-1948) in München, später bei Carl-Hans Schrader-Velgen (1876-1945) in Wartenberg und Carl Otto Müller (1901-1970) in Kipfenberg. Biographische Hinweise zu den Lehrern finden sich nachfolgend in diesem Buch.

Im Januar 1945 heiratete die 35-Jährige den Landwirt und Kaufmann Wilhelm Graf von Westphalen (1907-1982). Dessen Vater Otto (1875-1927) wirkte als preußischer Landrat des Kreises Lüdinghausen und wurde im Jahr 1907 zum päpstlichen Geheimkämmerer („di spada e capa") ernannt. Die Mutter des Bräutigams war Wilhelmine Freiin von Haxthausen (1882-1920). Sie stammte aus Abbenburg bei Brakel und war die Tochter des Erbhofmeisters des Fürstbistums Paderborn Karl von Haxthausen (1856–1923). Wilhelm Westphalen studierte Landwirtschaft in Kiel und arbeitete anschließend als Verwalter auf verschiedenen Gütern.

Mit Kriegsbeginn kam er zur französischen Zivilverwaltung nach Douai, Nordfrankreich. Seine Verhaftung durch eine französische Widerstandsgruppe der Résistance (1944), Verurteilung zum Tode wegen Landesverrats und Überstellung an das Reichskriegsgericht in Torgau finden sich dargestellt in: Wilhelm von Westphalen, In diesem Käfig sitzen wir zu fünft. (vgl. Literaturauswahl im Anhang). Nach seiner Entlassung im Dezember 1944 aus dem Wehrmachtgefängnis in Torgau gelang ihm die Flucht zu seiner Verlobten Aloysia von Spiegel nach Helmern, die er dort im Januar 1945 heiratete. Bis zu seinem Tode im Januar 1982 lebte und arbeitete er dort als Kaufmann. Beigesetzt ist er auf dem Dorffriedhof in Helmern.

Nach dem kriegsbedingten Verlust des Gutes Pannwitz Mitte Januar 1945 baute Wisa von Westphalen gemeinsam mit ihrem Mann eine alte Gipsmühle, welche ihr der Vater zum befristeten Nießbrauch überlassen hatte, nahe ihres Geburtshauses in Helmern zur Wohn- und Arbeitsstätte aus.

Prägend für das künstlerische Schaffen der Malerin wurden ihre Reisen in viele Länder der Erde, welche sie seit 1929 - und vermehrt nach 1955 - unternahm. Zahlreiche Ausstellungen der Künstlerin fanden im In- und Ausland statt (dokumentiert im Anhang dieses Buches). Ein großer Teil ihrer Werke befindet sich heute in Privatbesitz.

Aus ihrem Nachlass wurde dem Erzbistum Paderborn eine größere Bilderschenkung gemacht, die in der Katholischen Landvolkshochschule Hardehausen als Dauerausstellung zu sehen ist.

Aloysia Gräfin von Westphalen starb am 16.1.1992 und wurde an der Seite ihres Mannes in Helmern beigesetzt.-

Helmern und die
Malerin Wisa von Westphalen

von Gerlinde Gräfin von Westphalen

Die Familie von Spiegel in Helmern

Ein Lebensweg als freischaffende Malerin war der am 12. Oktober 1910 in Helmern geborenen Aloysia Jenny Maria Wilhelmine Freiin von Spiegel nicht unbedingt in die Wiege gelegt. Als ältestes von fünf Geschwistern blieb sie dem Dorf trotz zwischenzeitlich anderer Zukunftspläne lebenslang verbunden. Sie reihte sich in eine Traditionslinie ein, denn die Familie hat den Ort und die Region über eine lange Zeit geprägt. [1]Als alter ostwestfälischer Stiftsadel stellten die Spiegels über Jahrhunderte hinweg bis zur Säkularisation eine Reihe

---

1 Der Beitrag beruht auf folgenden Veröffentlichungen der Autorin: Lady Abbess. Benedicta von Spiegel – Politische Ordensfrau in der NS-Zeit. Münster, 2. überarb. Auflage 2023; Ein Warburger Landrat in der NS-Zeit: Joseph Freiherr Spiegel von und zu Peckelsheim (1878-1949), in: Jahrbuch Höxter 2023. Erscheint Ende 2023. In den genannten Publikationen sind auch alle Quellennachweise sowie die Belege für Zitate in diesem Text im Einzelnen aufgeführt. Weitere Veröffentlichung der Autorin zu Benedicta von Spiegel und der stigmatisierten Therese Neumann: Katholischer Sauerbruch gesucht. In: FAZ v. 21. Sept. 2022, S. N3.

von Domherren im Fürstbistum Paderborn. Der älteste Teil der fürstbischöflichen Residenz Schloss Neuhaus geht auf den Benediktinermönch und Paderborner Bischof Heinrich III. von Spiegel zum Desenberg (?–1380) zurück, der 1370 seinen Amtssitz dorthin verlegte. Der Vater der kleinen Aloysia führte aufgrund dieser engen Verbundenheit noch mehr als 140 Jahre nach der Säkularisation den Ehrentitel eines „Erbmarschall des Fürstentums Paderborn".

Joseph Raban Georg Karl Hugo Leo Freiherr Spiegel von und zu Peckelsheim schlug zunächst eine Laufbahn im höheren Verwaltungsdienst ein und war als Regierungs-Referendar u.a. in Minden tätig. Gut möglich, dass er das Amt eines Landrates schon zu dieser Zeit anstrebte. Sowohl sein Vater Raban (1841-1906) als auch Großvater Adolf (1809-1872) hatten als preußische Landräte des Kreises Warburg gewirkt und in ihren Amtszeiten entscheidende Weichenstellungen für die Entwicklung der Region gestellt. So wurden zwei Eisenbahnstrecken durch den Kreis geführt sowie 13 Kirchen und 28 Schulen neuerrichtet, die jüdische Privatschule in Warburg zur Staatsschule umgewandelt. Vater und Großvater nahmen einen Großteil ihrer

Dienstgeschäfte vom heimischen Schloss in Helmern wahr, sodass der kleine Ort nahe Willebadessen, der heute knapp 200 Einwohner zählt, insgesamt 70 Jahre das faktische Verwaltungszentrum des Kreises Warburg war. Neben der überwiegend katholischen Bevölkerung lebten im Kreis Warburg eine vergleichsweise große Anzahl von Bürgern jüdischer Konfessionszugehörigkeit, deren Anteil man Ende des 19. Jahrhunderts mit rund 5% beziffern kann. In Aloysia Spiegels Geburtsort Helmern war in der Nähe des Rittergutes derer von Spiegel seit der Mitte des 19. Jahrhunderts die jüdische Viehhändlerfamilie Goldschmidt heimisch – Adresse: Helmern Hausnummer 56 .

Im Mai 1908 hatte der 30-jährige Joseph v. Spiegel die 9 Jahre jüngere Gertrud Freiin von Amelunxen (1887-1957) geheiratet. Eine gute Partie: Ihr Vater Arnold von Amelunxen (1849-1910) war hoher preußischer Offizier im Rang eines Generalmajors. Ihre Mutter Jenny (1865-1941) Tochter des erfolgreichen Unternehmers Johann von Zimmermann (1820-1901), der als Begründer des Werkzeugmaschinenbaus in Deutschland gilt. Nach dem Tod des Vaters im Jahr 1906 hatte v. Spiegel das Elternhaus mit seinen Gütern Helmern und Peckelsheim geerbt; ca. 500 ha Land und Wald gehörten dazu. Nachdem er für kurze Monate die Vertretung der vakanten Landratsstelle seines Vaters übernommen hatte, schied er aus dem Staatsdienst aus und widmete sich fortan der Bewirtschaftung seiner Güter. Zwei Jahre nach der Hochzeit kam die älteste Tochter Aloysia zur Welt. Es folgten Maria-Josepha, gen. „Titta" (1913-1995), Raban (1916-1941), Benedicta (1922- 2011) und das Nesthäkchen Regina (1926-1969).

Das Landschloss Helmern, in welchem Aloysia mit ihren vier Geschwistern zur Welt kam und aufwuchs, war an der Stelle einer geschliffenen Burg ab 1790 in schlichtem Stil mit Bruchsteinsockel und Fachwerkfassaden errichtet worden. Das Haus bildete mit der geschlossenen Vorburg ein Hofgut-Ensemble, dass einem Großteil der Dorfbevölkerung Arbeit und damit ein Auskommen bot. Zu den Spiegelschen Gütern zählten neben Helmern und Peckelsheim auch das nahe gelegene 1750 erbaute Barockschloss Rheder mit englischem Landschaftspark und seiner 1686 gegründeten ´Gräflich von Mengersen´schen Dampfbrauerei`, die seit 1727 bis heute in der Johann Conrad Schlaun (1695–1773) zugeschriebenen Vorburg untergebracht ist. Aloysias Onkel Adolf (1875-1956) erbte Rheder nach dem Tod des Vaters 1906.

Aloysia v. Spiegel hat in ihren umfangreichen Tagebüchern ein überaus positives, unbeschwertes, harmonisches Bild ihres Elternhauses gezeichnet. Insbesondere die Verbindung zum Vater sollte bis dessen Tod im Jahr 1949 eng bleiben. Die in diesem Band nachfolgende abgedruckten Tagebuchauszüge vermitteln eine lebendige Anschauung der Kinderzeit.

Nachdem Aloysia in den ersten Jahren durch Hauslehrer unterrichtet worden war, schickten ihre Eltern die 13-Jährige 1923 in das Nonnenkloster und Mädchenpensionat Schloss Blumenthal hinter der deutsch-holländischen Grenze. Nach ihren Tagebuchaufzeichnungen war v. Spiegel dort nicht glücklich. Gut möglich, dass sie auch über ihren weiteren Lebensweg nachdachte und eine konventionelle Zukunftsperspektive im Stand der Ehe als Hausfrau und Mutter hinterfragte.

Wirtschaftliche Nöte, Adoption

Bei der Heimkehr aus dem Mädchenpensionat hatte sich ihr soziales und politisches Umfeld stark verändert. Denn nach dem 1. Weltkrieg und dem Versailler Vertrag begann der Vater Joseph v. Spiegel sich in der antirepublikanischen, paramilitärischen Organisation Escherich zu engagieren. Inwieweit sich die politischen Ansichten des konservativen, monarchistisch geprägten Katholiken radikalisierten, lässt sich nicht eindeutig belegen. Ein Grund für seine Distanz zur Weimarer Demokratie darf sicherlich auch darin gesehen werden, dass die Familie seiner Frau durch die Inflation 1923 ein Vermögen verlor, das sie in russischen Eisenbahnaktien angelegt hatte. Auch das Gut Helmern geriet in der Weltwirtschaftskrise in finanzielle Schieflage und zwang v. Spiegel zum Verkauf von Ländereien. Spiegel überwarf sich zudem im Jahr 1929 mit der örtlichen Zentrumspartei, „wo ich auf Veranlassung des Zentrums aller Ämter des Kreises enthoben wurde" - hielt er in seinem Lebenslauf fest.

Der nun 19 Jahre alten Tochter Aloysia dürften die finanziellen Sorgen im Elternhaus und die politischen Veränderungen nicht entgangen sein.

Mit seiner 4 Jahre älteren Schwester Benedicta (1874 -1950), seit 1926 Äbtissin der Benediktinerinnenabtei St. Walburg im oberbayerischen Eichstätt, pflegte Joseph v. Spiegel eine enge Beziehung. Anders als Aloysias Vater jedoch begann sich ihre Tante mit dem Aufstieg der Nationalsozialisten zum Ende der Weimarer Republik politisch zu betätigen: als entschiedene Gegnerin der Nationalsozialisten. Bis zur Kapitulation Deutschlands 1945 engagierte sie sich mit ihren Freunden im katholisch widerständigen Milieu. In diesem familiären Spannungsfeld muss die weitere Spiegelsche Familiengeschichte in Helmern beleuchtet werden. Denn nach der sog. Machtergreifung kam es zu familiären Zerwürfnissen, die auch an Aloysia v. Spiegel nicht spurlos vorübergingen.

Das Jahr 1929 hielt für die 19-jährige wichtige Weichenstellungen bereit: Durch Adoption ihrer unverheirateten und kinderlosen Tante Tusnelda Gräfin von Bocholtz-Asseburg (1854-1949) erhielt die älteste Spiegeltochter nicht nur einen neuen Namen: Gräfin von Bocholtz-Asseburg, sondern als Besitz das 20 Kilometer nördlich von Breslau gelegene Rittergut Pannwitz. Fortan war sie zu mehrmonatigem Aufenthalt bei der Adoptivtante verpflichtet, und ihre Zukunft sollte eines Tages die Bewirtschaftung des schlesischen Gutes bestimmen. Den weiteren Lebensweg v. Spiegels prägte die enge Beziehung zu ihrer Tante in Bayern.

Vertraute in schwieriger Zeit:
Äbtissin Benedicta von Spiegel

Ungefähr zur gleichen Zeit – seit dem Herbst 1929 – war Aloysia mit Erlaubnis des Eichstätter Bischofs regelmäßiger Gast ihrer Tante, Äbtissin Benedicta von Spiegel in der Abtei St. Walburg: sie „alles erlernen zu lassen, was dort im Kloster an künstlerischer Arbeit betrieben wurde" – so die nachfolgenden Erinnerungen von Aloysia v. Spiegel. Eine vertrauensvolle und enge persönliche Beziehung entstand zwischen ihr und der 36 Jahre älteren polyglotten und intellektuell gebildeten Ordensfrau. Über einen Besuch der Äbtissin 1930 bei ihrem Bruder Joseph im Elternhaus in Helmern während eines sechsmonatigen Erholungsurlaubs zeichnete Aloysia v. Spiegel in ihren mehrseitigen Aufzeichnungen um 1943 ein einfühlsames Persönlichkeitsbild:

„Im Jahr 1930 kam sie nach Helmern. Wir haben ihr einen großartigen Empfang bereitet. (…) Sie konnte so herrlich fröhlich sein. Wir haben oft gelacht. Manchmal prallten aber auch die Gegensätze aufeinander.

Für ihre tiefe kritiklose Gläubigkeit hatte ich wohl Bewunderung, konnte ihr aber darin nicht folgen. – Sie hat mir meine freiere Auffassung nie übelgenommen sondern liebte sehr die Diskussion. – Auch hatte sie eine Vorliebe für phänomenale Dinge. Ob das Hl. Öl war oder eine Therese Konnersreuth oder ein Brünnlein was im Garten entsprang od. eine Nonne die übergeschnappt war. (…) Aber trotz all dieser Eigenartigkeiten, die wohl zum Klosterleben führen, war sie ein sehr realistisch, praktisch denkender Mensch... Und außerdem hatte sie große Begabungen u. auf manchem Gebiet viel Wissen. (...) Sie war mir lange Jahre viel mehr als meine eigene Mutter. Ich habe sie geliebt und verehrt.(...)".

Äbtissin Benedicta war den Aufzeichnungen zufolge in dieser Zeit wohl zur wichtigsten Bezugsperson der jungen Frau geworden. Sie förderte die künstlerischen Interessen, machte ihre einflussreichen Verbindungen in München für die Nichte fruchtbar und unterstützte die Begabungen materiell durch Kunstaufträge und Geldzuwendungen.

Die Tante schickte Aloysia v. Spiegel 1929 mit „einigen Nonnen an Ostern nach Konnersreuth", wo sie

eine Passion der stigmatisierten Therese Neumann –
einer engen Freundin von Äbtissin Benedicta - miter-
lebte, den Geschehnissen gegenüber aber skeptisch
blieb. Dazu notierte sie in ihren Tagebüchern:„Auch
dass sie gar nichts aß, wollte mir nicht in meinen nüch-
ternen Kopf. Zweifel wurden auch damals schon in
mir wach. Therese war 1929 eine schlanke Frau. Als
ich sie wiedersah, kurz vor dem Krieg…war sie eine
dicke, unförmliche Gestalt. - Nichts gegessen in den 10
Jahren?".

Im Oktober 1938 zeigte Äbtissin Benedicta ihrer
Freundin Therese Neumann die ostwestfälische Heimat und kehrte bei dieser Gelegenheit auch im Elternhaus in Helmern ein. Dort wurde der Nichte Aloysia,
die sich zur Zeit des Besuchs bei ihren Eltern aufhielt,
von der Köchin des Rittergutes, Maria Unverzagt
(1917–2000) berichtet, sie hätte Neumann in den
Abendstunden in der Schlossküche beim heimlichen
Essen beobachtet.

Zeitlebens blieb Aloysia ihrer benediktinischen Tante eng verbunden, teilte ihre Pläne und Probleme mit
ihr. In einer Vielzahl der erhaltenen Briefe gibt die Äbtissin einfühlsam Ratschläge, tröstet und unterstützt

mit ihren Verbindungen oder mit Geld. Einige St. Walburger Klosterfrauen, mit denen Aloysia v. Spiegel in regelmäßigem Briefkontakt stand, bescheinigten ihr eine „frappante Charakterähnlichkeit" mit der benediktinischen Tante.

Mit dem Kunststudium in München kam Aloysia von Spiegel ihrer Zukunft als Künstlerin ein gutes Stück näher.

Familiäre Konflikte in der Nazizeit

Überschattet wurde die Zeit der nationalsozialistischen Machtübernahme mit Folgen im heimatlichen Helmern: Denn im März 1933 war Vater Joseph in die NSDAP eingetreten (Mitglieds-Nr. 2171021) und wurde neuer Landrat des Kreises Warburg.

Eine enge Freundschaft verband Joseph v. Spiegel mit dem überzeugten nationalsozialistischen Regierungspräsidenten des preußischen Regierungsbezirks Minden: Adolf Freiherr von Oeynhausen (1877–1953) in Grevenburg. Joseph Spiegel hatte das Landratsamt v. Oeynhausen zu verdanken – eine Personalie, die der Mindener Regierungspräsident gegen alle Widerstände der örtlichen NSDAP-Kreise durchsetzte. Mit Widerständen hatte er die ganzen Jahre seiner Amtszeit zu kämpfen, die seitens der örtlichen NSDAP so begründet wurden: Die „Schwierigkeiten hatten ihren Grund in der gegen den Willen der gesamten Parteigenossenschaft erfolgten Berufung des Freiherrn von Spiegel zum Landrat des Kreises Warburg". Im Jahr 1946 erklärte v. Spiegel in seinem Entnazifizierungsverfahren: „Dann kamen sehr schwere Jahre für die Landwirtschaft (…) … und deshalb nahm ich im Jahre 1933 den Posten als Landrat von Warburg, der mir angeboten wurde, an. Ich habe dann die ganzen Jahre schwere Kämpfe mit dem Kreisleiter und sonstigen Parteistellen gehabt…".

Auch die Spiegelschen Kinder in Helmern begeisterten sich für die NSDAP: „Alle waren ja eingegliedert, Raban führte die Hitlerjugend und Titta den BDM" - hielt Aloysia v. Spiegel in ihren Tagebüchern fest. Im Januar 1933 hatte sie persönlich Bekanntschaft mit Adolf Hitler auf der Grevenburg bei Adolf von Oeynhausens gemacht: „Ganz einfach, schlicht und selbstverständlich gab er jedem die Hand und setzte sich in unseren Kreis. (…) Mir fiel damals die nette Art auf und der freundschaftliche Ton in welchem Hitler mit seinen Leuten umging. (...) Lange schwebte mir noch das Bild vor Augen.- Was ging wohl in dem Kopf dieses grossen Menschen vor?" - beschrieb sie ihre Eindrücke vorbehaltlos.

Wegen politischer Differenzen eskalierten in der Spiegelschen Familie die Konflikte. Vor allem das Verhältnis des Vaters Joseph zu seinem älteren Bruder Adolf, Guts- und Brauereibesitzer auf Schloss Rheder bei Brakel, war äußerst angespannt. Der impulsive Adolf v. Spiegel machte von seiner Ablehnung des Hitlerregimes kein Hehl. Zudem wohnte er mit seiner Ehefrau Olga (1879-1951) mit einer überzeugten Nationalsozialistin unter einem Dach (Mitgliedsnummer: 818.043). Diese Schwägerin Joseph Spiegels war wiederum die Schwester der Berliner Salondame Viktoria von Dirksen (1874-1946). In Berlin unterhielt v. Dirksen in den 1930er Jahren einen einflussreichen Salon als Begegnungsort von Nazigrößen wie Hitler und Goebbels mit großbürgerlichen und aristokratischen Kreisen. Die geistige und politische Nähe der Schwestern eskalierte den Konflikt in der westfälischen Adelsfamilie weiter.

Möglicherweise sah sich Joseph v. Spiegel, der am

17. August 1934 den Diensteid auf den Führer geleistet hatte, durch den widerständigen Bruder in Rheder kompromittiert. Adolf v. Spiegel musste als erklärter Nazi-Gegner von 1935 bis 1945 wiederholt in einer Göttinger Nervenklinik vor dem Zugriff der Gestapo in Sicherheit gebracht werden. Die NSDAP-Kreisleitungen in Höxter und Göttingen drängten den Warburger Landrat, „dafür zu sorgen", dass sich der Bruder „wieder in Behandlung des…Nerven-Spezialisten in Göttingen begibt". Dem behandelnden Psychiater, Gottfried Ewald (1888-1863), wiederum wurde latent gedroht, „dass hier staatspolizeilicherseits eingegriffen werden muss, wenn sich das Verhalten des von Spiegel nicht ändert".

Die Streitigkeiten blieben den Kindern nicht verborgen. Aloysia v. Spiegel notierte nach einem Versöhnungsversuch ihrer Tante – Äbtissin Benedicta – genannt „Lika": „Wieder war Onkel Adolf in der Familie. Und wie wir es schon öfter erlebt hatten, wollte T. Lika die beiden Brüder versöhnen. Alles schien auch gut zu sein. Aber Feuer und Wasser mischt sich eben nicht. Und so kamen auch diese beiden verschiedenen Menschen sich gegenseitig innerlich nicht näher".

Die 2. Jahreshälfte 1941 brachte einen herben Schicksalsschlag für die Spiegelsche Familie in Helmern . Nur einen Monat nach Beginn des Russlandfeldzuges fiel am 26. Juli Aloysias 24-jähriger Bruder Raban [2] bei Uman in der Ukraine. Für den Vater war der Tod des einzigen Sohnes, der das elterliche Gut erben sollte, ein einschneidender Schicksalsschlag, wie seine Tochter Aloysia in ihrem Tagebuch vermerkte.

Wenige Monate später wirkte der Landrat an den zynisch euphemistisch „Evakuierung" und „Abschiebung" genannten Vorbereitungen der Massendeportationen der noch im Kreis Warburg lebenden jüdischen Bevölkerung bei insgesamt 4 Transporten beginnend am 10. Dezember 1941 mit. So teilte er am 23.11.1941

---

2 Leutnant Raban v. Spiegel hatte nach dem Abitur in Warburg die Laufbahn für den höheren Forstdienst eingeschlagen. An den 6-monatigen NS-Reichsarbeitsdienst schloss sich der Wehrdienst in Paderborn an. Mit Kriegsbeginn wurde er an die Westfront in Frankreich verlegt; weitere Kriegseinsätze in Rumänien, Bulgarien und Griechenland. In der Todesnachricht, die der Kommandeur der Panzeraufklärungsabteilung 16, Henning von Witzleben (1916-1999) an die Familie sandte, heißt es, dass Raban v. Spiegel als Führer einer Aufklärungsabteilung bei Iwachny nahe Uman/Ukraine von Granatsplittern tödlich getroffen wurde. Das „Rabankreuz" am Ortsrand von Helmern erinnert bis heute an den Bruder der Malerin Wisa von Westphalen.

einigen Bürgermeistern mit, „dass die Kosten für die Abtransportierung der Juden von Warburg…nach Bielefeld 221,20 RM" betragen. „Ich bitte diese Beträge rechtzeitig bei den in Frage kommenden Juden einzuziehen und dem Fuhrunternehmer B. Kleinemeier & Sohn in Willebadessen zu überweisen". Auf der Deportationsliste für Ende März 1942 über Minsk nach Theresienstadt und Auschwitz standen auch die in der Nachbarschaft des Schlosses Helmern lebenden Juden Pina (1882–1942) und Abraham Goldschmidt (1883–1942), letzterer Viehhändler. Sie wurden in Warschau ermordet.

Ob Joseph von Spiegel zu diesem Zeitpunkt um den Holocaust wusste, kann nicht rekonstruiert werden. Ob und in welche inneren Kämpfe der gläubige Katholik stürzte, ist schwer ermessbar.

Gut ein Jahr später verlor Joseph von Spiegel das Amt des Warburger Landrats. Vordergründig wurde ihm zum Verhängnis, dass er dem Paderborner Erzbischof Lorenz Jaeger (1892-1975) ein Auto mit Benzinkontingent für eine Firmreise im Warburger Kreis zur Verfügung gestellt hatte. Die Tochter Aloysia vermerkte: „Die Nazis wollten ihn nicht mehr".

Aloysia und Wilhelm von Westphalen

Im Mai 1944 verlobte sich Aloysia v. Spiegel mit dem 3
Jahre älteren in Lüdinghausen geborenen Wilhelm
Graf von Westphalen. Kurz nach der Verlobung besuchte sie ihre Tante in der Abtei St. Walburg. Dort
schneiderten die begabten Nonnen im Juli 1944 das
Brautkleid aus Seide für die Nichte ihrer Äbtissin.
Aloysia v. Spiegel erinnerte sich: „Und wohl selten
wird ein Brautkleid mit soviel Liebe geschneidert worden sein, wie sie das meine machen ließ, und selten
wird eine Äbtissin der Anprobe beigewohnt und ein
ganzer Konvent mit Interesse den Hergang verfolgt
haben!". Am 19. Juli verließ sie mit dem Brautkleid im
Gepäck St. Walburg in Richtung ostwestfälische Heimat.

Dort durchsuchte die Gestapo einige Tage nach dem
gescheiterten Attentat auf Adolf Hitler vom 20. Juli
1944 das Elternhaus in Helmern und nahm ihren Vater
für einige Stunden zum Verhör mit. Unversehrt kehrte
Joseph von Spiegel wieder zurück in sein Haus.

Mitte August erreichte Aloysia v. Spiegel ein Schreiben. Der Absender, Dr. Hans-Ulrich Schaefer (1908–
1984) – Wehrmachtsmajor der Zivilverwaltung beim

Militär-Befehlshaber von Belgien und Nordfrankreich, teilte darin mit, dass gegen ihren Verlobten, Wilhelm Graf von Westphalen (1907–1982) „ein Haftbefehl wegen Landesverrat" vorläge. Im Juli 1944 war der in Burgund in der Zivilverwaltung tätige Unteroffizier in Mare bei Dijon von Partisanen entführt worden. Nach einer Woche gelang ihm die Flucht. Zurück bei seiner Kompanie nahm ihn der Sicherheitsdienst jedoch fest, weil in seinem Schreibtisch ein belastendes Schreiben an seinen Vorgesetzten gefunden worden war, das u.a. einen zweideutigen Hinweis enthielt, die Fluchtrouten in die Schweiz offen zu halten. Dem in Paris ergangenen Todesurteil konnte er dank der Intervention seines Vorgesetzten Schaefer entrinnen, der erreichte, dass der Fall vor dem Reichskriegsgericht in sächsischen Torgau verhandelt wurde. Infolgedessen wurde er in das Wehrmachtgefängnis Forst Zinna in Torgau verlegt. Weil wichtige Beweisunterlagen in Frankreich verloren gegangen waren, wurde er nach monatelanger Untersuchungshaft ohne Anklage vor dem dortigen Reichskriegsgericht am 10. Dezember 1944 entlassen. Seinen Dienst in der Bielefelder Kraftfahr-Ersatz-Ausbildungs-Abteilung 6 trat v. Westphalen zunächst an, kehrte nach einem Urlaub aber nicht mehr zurück. In den Auflösungswirren der letzten Kriegsmonate stellte ihn der Schwiegervater Joseph v. Spiegel, nach der Hochzeit mit seiner Tochter Aloysia im Januar 1945 auf dem Rittergut in Helmern bis Kriegsende als „Koch" ein.

Über die letzten Kriegswochen und den Neubeginn in der Gipsmühle, die der Vater seiner Tochter nach dem Verlust von Pannwitz im Nießbrauch überlassen hatte, vermitteln die folgenden Tagebuchaufzeichnungen ein anschauliches Bild.

Schluss

Im Jahr 1948 stiftete Aloysias Vater Joseph v. Spiegel mit 27 weiteren Adelsfamilien der Diözese Paderborn „Eichenstarkholz", um für den durch Krieg beschädigten Dom „Kirchenbänke anfertigen zu lassen" - so heißt es in einem Aufruf zur „Stiftung eines Beitrages zur Wiederherstellung des Domes in Paderborn". „Die Wappen der Spender werden an Wangen der Bänke angebracht". Joseph Freiherr Spiegel von und zu Peckelsheim hat die Fertigstellung „seiner Kirchenbank" nicht mehr erlebt und auch das bis heute im Mittelgang des Paderborner Doms angebrachte Familienwappen an der Wange einer Kirchenbank nicht mehr sehen können. [3] Er starb am 30. November 1949 in seinem Elternhaus in Helmern. Für die Kirche in Helmern hat Wisa von Westphalen später die Kirchenbänke im Paderborner Dom skizziert. Nach ihren Vorlagen wurde das Kirchengestühl in Helmern angefertigt. Die Bänke gleichen denen im Dom.

Im Februar 1950 nahm Aloysia an der großen Beisetzung ihrer Tante Äbtissin Benedicta in Eichstätt teil. Der mit 76 Jahren nach schwerer Krankheit Verstorbenen hatte sie auf ihrem Lebensweg viel zu verdanken. Jahre später hat sie – nun als freischaffende Künstlerin erfolgreich - ihre Tante und deren Vorgängerin für das Kloster auf großformatigen Ölbildern gemalt. Noch heute hängen die Portraits im Kapitelsaal der Abtei St. Walburg in Eichstätt.

Im Jahr 1959 malte Wisa von Westphalen für die Helmerner St. Kilianskirche die sich bis heute dort befind-

---

3 Aufruf zur Stiftung eines Beitrages zur Wiederherstellung des Domes in Paderborn ohne Datum, vor dem 01.04.1948; Joseph v. Spiegel spendete laut Auflistung 1,25 Festmeter (1 Stamm); Schreiben Domprobst Brockmann undVerwaltungsgerichtsdirektor Dr. Gierse v. 26.01.1954. Alle Dokumente EBAP Domgestühl, Nr. 459

lichen Kreuzwegstationen. Das Kruzifix aus dem 18. Jahrhundert über dem Eingang der Sakristei stammt ebenfalls aus dem Besitz der Malerin.

Seit 2017 erinnert eine Gedenktafel in der Ortsmitte von Helmern an die Künstlerin Wisa von Westphalen, deren Leben und Werk untrennbar mit dem Dorf verbunden bleiben.

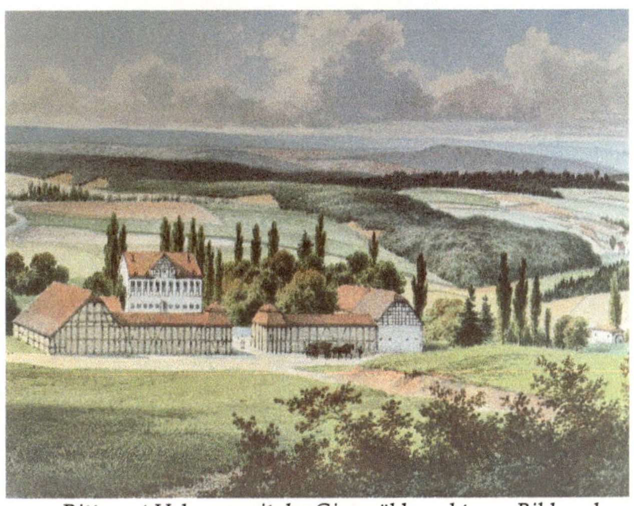

Rittergut Helmern mit der Gipsmühle rechts am Bildrand
(Stahlstich 1870)

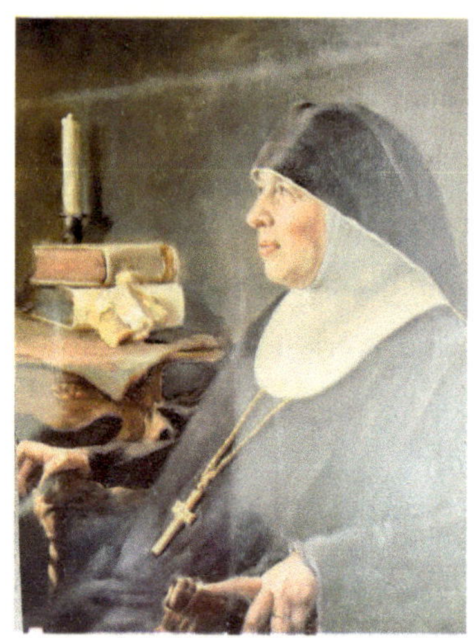

Äbtissin Benedicta von Spiegel (posthum von Wisa v. Westphalen gemalt 1959, Öl)

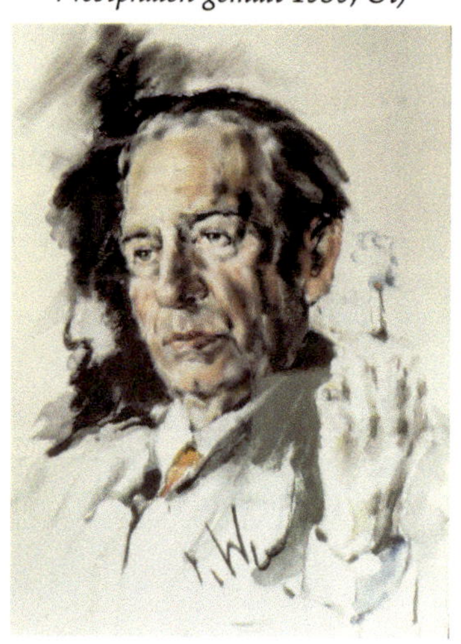

Wilhelm von Westphalen (Mischtechnik 1970)

Mein Leben:

Aus dem Tagebuch von Wisa v.Westphalen

Jugendjahre in Helmern

An einem Bach bin ich aufgewachsen, an einem Bach habe ich viele Jahre gelebt. Oft habe ich seinem Rauschen zugehört, und mir war, als erzählte er mir noch einmal die Geschichte meines und unseres Lebens.

1910 bin ich geboren als ältestes Kind von Josef und Gerta Spiegel, geb. Amelunxen. Mein Vater war der zweite Sohn des Josef Spiegel und der Maria Mengersen; er erbte nach dem Tode der Eltern das Rittergut Helmern. Sein älterer Bruder Adolf erhielt den schönen Besitz seiner Mutter Mengersen in Rheder. Zwei jüngere Brüder meines Vaters waren Offiziere; außerdem hatte Vater noch 5 Schwestern.

Helmern war ein schwer zu bewirtschaftendes Gut mit wenig guten Böden, die meisten in Hanglagen. So waren denn auch mein Urgroßvater, mein Großvater und später auch mein Vater im Hauptberuf Landräte des Kreises Warburg. Die Kreisstadt Warburg liegt 17 km von Helmern entfernt und ist heute mit dem Auto in einer guten Viertelstunde zu erreichen. Mit dem Pferdewagen waren es jedesmal zwei Stunden und eine kleine Strapaze. So erzählte mein Vater, daß sein Vater an furchtbarem Rheuma gelitten habe, was er sich in der hiesigen kalten und nassen Gegend im offenen Wagen geholt hätte.

Als mein Vater 1906 Helmern übernahm, war es für ihn eine schwere Aufgabe. Die vielen Geschwister mußten ausgezahlt werden, und so war er glücklich, daß das Mädchen seiner Wahl sehr wohlhabend war.

Meine Mutter Amelunxen war eine kleine, zierliche Frau, vielleicht nicht besonders schön, aber geistig sehr rege, und sie muß es verstanden haben, Feste zu arrangieren und die vielen Gäste zu unterhalten. So lernte meine Mutter in ihrem Elternhaus viele Menschen kennen, wurde sehr gefeiert, und - dies alles nur aus Erzählungen - viele Freier bemühten sich um ihre Hand. Ihre Wahl fiel auf den stillen, bescheidenen, immer gütigen Josef - meinen Vater. Zurückschauend kann ich nur sagen: Es war für meine Mutter ein großes Glück, daß sie diesen fabelhaften Mann bekam.

Einstweilen im Jahre 1908, als die Hochzeit in Berlin gefeiert wurde, herrschte allseits große Freude. Anschließend war dann Einzug in Helmern. Die Hof- und Dorfleute brachten dem jungen Paar einen Ehrenzug, und der Bürgermeister sprach die eindrucksvollen Worte: "Das versprechen wir ihnen, Herr Baron, wenn sie einmal sterben, werden sie mit Musik zu Grabe getragen".

Bis vor wenigen Jahren lebte im Dorf Helmern ein alter Mann, Georg Ernst, der mir bei jeder Gelegenheit erzählt: "Als ich 15 Jahre war, arbeitete ich auf dem Hof in Helmern. Eines Tages kam der Herr Baron und sagte: Heut' Nacht haben wir ein Töchterchen bekommen - und das waren Sie". Weniger erfreut war, so glaube ich, im Hause die junge Mutter, die viel lieber einen Jungen gehabt hätte.

Für viele Menschen ist die Jugendzeit schön gewesen, schon aus der Erinnerung, wenn man älter wird. Aber ich glaube, meine Jugend war wirklich sehr glücklich. Das Leben auf so einem Gut war damals sehr bunt. Gar nicht zu vergleichen mit heute. Schon allein die vielen Leute, die damals dazugehörten. Beim Kutscher angefangen, war ein Diener da, eine Köchin, ungezählte Lehrköchinnen, Stubenmädchen und Gouvernanten. Auf dem Hof waren der Verwalter und einige

Lehrverwalter. Eine Praktikantin versorgte das Geflügel. Der Gärtner hatte sein Hilfspersonal, der Förster
seine Hilfsförster. Es gab einen Kuhmeister, Schweine-
meister und Schafmeister. Für die Ackerpferde war
der Hofmeister zuständig. Wieviele Gespannführer es
gab, weiß ich nicht mehr; dazu ungezählte Knechte.
Der Hof war besetzt mit all den verschiedenen Tieren,
Reit- und Gespannpferde gehörten dazu, Jagdhunde
und Geflügel aller Art. Pfauen schmückten den Hof
und Garten und kreischten nachts in den Akazien, und
auf dem Teich wimmelte es von Enten und Schwänen.
Der Taubenschlag war immer voll besetzt. Außer
Hühnern und zahmen Enten waren selbstverständlich
auch Puten und Perlhühner da. Nicht immer, aber je-
denfalls oft, hatte mein Vater einen großen Uhu, mit
dem er auf die Jagd ging. Als wir Kinder größer wurden, bekamen wir Kaninchen, Hunde, Ziegen und später Ponys. Die Tiere gehörten zu unserem Leben.

Ich war ein wildes Kind, und nichts war mir unan-
genehmer, als wenn ich mal für kurze Zeit ein wohler-
zogenes Mädchen spielen mußte. Das war der Fall,
wenn Besuch kam. Dann mußte unser Kindermädchen
Locken drehen, wir bekamen weiße Kleider an und

durften in den Salon kommen. Artig mußten wir den Damen die Hand küssen und guten Tag sagen.

Das erste große Ereignis, an das ich mich ganz klar erinnern kann, war im Jahre 1915. Daß Krieg war, bekamen wir Kinder - damals lebte ja meine Schwester Maria Josefa, gen. Titta schon - gar nicht recht mit. Unser Vater wurde nicht eingezogen, weil er einen Herzfehler hatte und nie beim Militär war. So verlief das Leben im Elternhaus genauso wie bisher. Daß Vaters Brüder Raban und Clemens gefallen waren, wurde uns wohl auch nicht erzählt. [4]Aber eines Tages standen Särge bei uns in der Halle, und wir mußten jeden Morgen und Abend dort knien und beten. Es waren die Särge der beiden Brüder von Vater. Im ersten Weltkrieg war es noch möglich, die Gefallenen heimzuholen. So war mein armer Vater nach Rußland gefahren. Es muß eine furchtbare Reise gewesen sein. Es war gar nicht sicher, daß sie nun in dem angegebenen Grab lagen. So makaber, wie es war, kann man es sich gar nicht vorstellen. Der arme Vater stand nun vor den

---

4 Raban Freiherr von Spiegel (1879 - 23.10.1914); Joseph Spiegels 1 Jahre jüngerer Bruder fiel bei Iwangorod in Russland; Clemens Freiherr von Spiegel (1886 - 18.02.1915), der 8 Jahre jüngere Halbbruder fiel bei Augustów in Polen.

schon halb verwesten Leichen seiner so sehr geliebten Brüder. Mutter erzählte später, Vater wäre um Jahre älter geworden, als er von dieser Reise zurückgekommen sei. Die beiden Brüder wurden in einem Doppelgrab auf dem stillen Familienfriedhof in Fölsen - nahe Helmern - begraben. Außer einem Grabstein stand noch jahrelang ein kleines Holzkreuz da, es hatte in Rußland auf einem der Gräber gestanden. Damals ahnte mein guter Vater nicht, daß 25 Jahre später sein eigener Sohn Raban - der damals noch nicht geboren war - in russischer Erde liegen würde. Im 2. Weltkrieg gab es nicht mehr die Möglichkeit, die Leichen in die Heimat zu überführen.

Aber nun sind wir erst im Jahre 1915. Ein Jahr später, ich war 6 Jahre alt, kam ich in die Schule. Das heißt, ich kam nicht in die Schule, sondern der Lehrer kam ins Haus und gab mir Unterricht. Jedesmal - so hat er mir später erzählt - hätte er mich erst aus meinem Kaninchenstall holen müssen. Damals hatte ich 82 Kaninchen zu versorgen. Das war viel Arbeit. An meinen ersten Lehrer, es war der Dorfschullehrer Spieker in Helmern, habe ich die schönsten Erinnerungen. Was er mir gegeben hat, habe ich mit in mein Leben genommen. Es war ein Lehrer, der seine Sache ernst nahm, der auch verstand, ein Kind zu fesseln. Ganz im Gegensatz zu den vielen Hauslehrern, die wir später hatten, und die uns wirklich die Freude am Lernen vergraulten.

Zu den Freuden des Landlebens gehörte damals in erster Linie die Jagd. So fanden jeden Winter in Helmern einige Treibjagden statt. Der Aufwand, den so ein Jagdtag mit sich brachte, ist aus unserer Sicht wirklich schwer zu verstehen. Schon ein Teil der Jagdgäste kam am Abend vorher und übernachtete im Haus. Die anderen von den näher gelegenen Gütern kamen am frühen Morgen angefahren. Zunächst gab es dann ein reichliches Frühstück mit Bratwurst und Sauerkraut. Die Herren rauchten dann ihre Zigarren, erzählten ihre Witze, bis Vater den Aufbruch vorschlug. Vor dem Haus warteten die Schlitten und Wagen, um den älteren Herren den Anweg zu verkürzen. Das halbe Dorf beteiligte sich als Treiber. Bald hörte man die ersten Schüsse fallen. Im Haus wurde das zweite Frühstück hergerichtet. Berge von Kartoffelpfannkuchen wurden gebacken, sorgfältig verpackt, damit sie heiß - blieben. Rotwein und Punsch, Schnaps und Rauchwaren wurden in einen Schlitten oder Wagen verpackt. Die schon anwesenden Damen und wir Kindern folgten zu dem ausgemachten Platz im Wald. Dort mußten wir springen, um den durchfrorenen Jägern Speise und Trank zu reichen. Anschließend machten wir dann ein paar Treiben mit. Gegen fünf Uhr versammelte sich dann alles vor dem Haus, die Strecke wurde ausgelegt und verblasen. Zahlreiche Hasen, Füchse, Schweine und einiges Flugwild waren meist das Ergebnis.

Im Haus brannte dann der Kamin, der Samowar war angeheizt. Die Herren Jäger wärmten ihre durchfrorenen Glieder und erzählten wilde Jagdgeschichten.

Ich kam mit 13 Jahren nach Blumenthal, das liegt in Holland. Die Nonnen, die es leiteten, waren aus Frankreich und nannten sich 'Sacre-Coeurs'. Es war damals so Brauch, daß Mädchen aus sogenannten 'guten Kreisen' für einige Zeit dort eingesperrt wurden. Für mich, die ich in freier Wildbahn aufgewachsen war, bedeutete das, lebendig begraben zu werden. Wir mußten immer schwarze Kleider anziehen und in der Kirche, wo wir einen großen Teil des Tages verbrachten, immer Schleier tragen. Wurden wir in den Salon gerufen, weil uns jemand besuchte, so mußten wir schwarze Handschuhe anziehen.

Die Jahre in Blumenthal waren für mich, ich muß es nochmal sagen, eine wenig schöne Zeit in meinem Leben. Ich weinte vor Heimweh und wäre am liebsten davongelaufen. Aber ich sah auch ein, daß ich hier etwas lernen konnte. So arbeitete ich mit großem Fleiß, bis sich langsam die Lücken schlossen und ich mein Examen bestand; als den Eltern geschrieben wurde, ich sei für manche Fächer sehr begabt, da war ich in etwa ausgesöhnt mit dem Klosterbetrieb. Alle Orden bis zum "Blauen Band" wurden mir umgehängt. Aber innerlich blieb ich frei und sagte auch meine Meinung. Auch mit meinen Zweifeln an religiösen Dingen hielt ich nicht hinter dem Berg. Manchmal machte ich mich auch sehr unbeliebt bei den guten Nonnen: So wurde mir am Anfang erlaubt, am Sonntag auf dem Esel um den Teich zu reiten, um mein Heimweh zu vergessen. Das alte Tier hatte wohl schon viele Töchter im Laufe der Jahre um den Teich getragen. Ich erlaubte mir dann auch zu sagen, daß es mir keine Freude bereite und es besser wäre, ein jüngeres Tier anzukaufen. Da war die Empörung groß. Man mußte eben schweigen und seinen Teil denken, das lernte man mit der Zeit.

Ob so eine Erziehung richtig war, möchte ich sehr in Frage stellen. Für mich war es gut, daß ich dort das 'Lernen' lernte. Auch habe ich viele Mädchen dort kennengelernt, mit denen ich ein Leben lang verbunden blieb.

Zuhause fing ich dann mit Fleiß an, das Gelernte in die Tat umzusetzen. Ich webte am Gobelinstuhl und arbeitete mit eingelegten Hölzern. Aber bald fühlte ich, daß diese handwerkliche Kunst mir auf die Dauer nicht zusagen würde. Es blieb doch immer etwas Mechanisches, es war doch immer Handwerk; Geist und Seele konnte ich nicht hineinbringen. Einstweilen aber beschäftigten mich diese Dinge, und ich ging so darin auf, daß ich niemals die Rolle einer Haustochter spielte. Meine Eltern ließen mich darin auch zufrieden. Ein Glück, daß sie es taten, denn mir lagen die Aufgaben einer Haustochter sehr wenig. Ich schaffte mir so langsam eine kleine eigene Welt, und darin war ich glücklich.

Im Laufe des Sommers (1924) sollte ich mein erstes Fest mitmachen. Eine Landhochzeit bei uns in der Nachbarschaft. An einem drückend heißen Sommertag fuhren wir hin. Mein erstes Ballkleid, ein rosa Taftgewand, machte mir sehr zu schaffen. Besonders ärgerte mich, daß ich lange weiße Handschuhe anziehen mußte. Überhaupt fand ich die ganze Angelegenheit nicht sehr begeisternd. Ich war wohl auch ungeschickt in der Unterhaltung und steif beim Tanzen. "Du wirst noch Freude daran bekommen", meinte meine Mutter und stellte fest, daß ich einen großen Riß im Kleid hatte. - "Was soll ich auch in den langen Kleidern", erwiderte ich, "ich mache nie mehr ein Fest mit, ich habe schon genug davon". "Du muß erst richtig tanzen können", antwortete meine Mutter. So rollte aus Berlin eine junge Dame an, mit der ich Tennis spielen sollte und die mir das Tanzen beibrachte. Es war für sie keine leichte Aufgabe, ich stellte mich recht ungeschickt an und war überhaupt nicht begeistert, daß man aus mir eine richtige Dame machen wollte. Wie ein Landkind aufgewachsen - wild und unbändig - war ich für meine Jahre merkwürdigerweise wenig eitel und noch weniger interessiert an den jungen Männern, die zu meiner Unterhaltung eingeladen wurden.

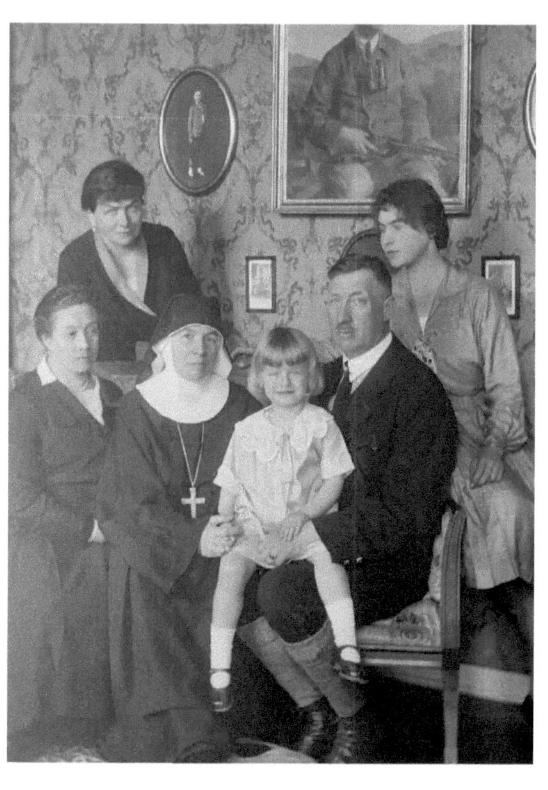

Familienangehörige, ca. 1930 – von links:
Maria Freifrau v. Twickel (1872-1949), Äbtissin Benedicta v.
Spiegel (1874-1950) – Wisas Tanten -,; dahinter Mutter Gerda v.
Spiegel (1887-1957), in der Mitte Regina v. Spiegel (1926-1969) –
jüngste Schwester Wisas -, Vater Joseph v. Spiegel (1878-1949),
außen: Wisa (Aloysia)

Im Kloster St. Walburg in Eichstätt

Dem Pensionat in Blumenthal entwachsen, in welchem für Kunst und Kunsthandwerk kein Platz gewesen war, schlug mir mein Vater vor, eine Zeitlang in die Benediktinerinnenabtei St. Walburg in Eichstätt im Altmühltal zu gehen. Vaters Schwester Benedicta, gen. 'Tante Lika' (1874-1950) war Äbtissin dieses Klosters und bereit, mich aufzunehmen und alles erlernen zu lassen, was dort im Kloster an künstlerischer Arbeit betrieben wurde. So zog ich mit 19 Jahren im Herbst 1929 in die alte Abtei ein, deren Gründung auf das Jahr 1035 zurückgeht.

Mit klopfendem Herzen stand ich vor dem großen Klostertor und zog an der Schelle. Man führte mich in den Salon, und schon bald erschien meine Tante hinter dem schönen Barockgitter. Vom ersten Augenblick an liebte ich sie mit meinem ganzen jungen Herzen. Und ich war ihr lieber Wildfang, für den sie alles tat und dem sie alles erschließen wollte, was an Schönem und Hohem die Erde nun einmal zu bieten hat. Sie fand auch bei mir Gehör, denn mit der ganzen Kraft meiner unverbrauchten starken Jugend warf ich mich in die

Arbeit und versuchte,in mich aufzunehmen, was nur immer sich darbot.

In diesem Jahr wollte der Winter gar nicht weichen. Eisig kalt pfiff der Ostwind durch das Altmühltal, und als endlich draußen die Frühlingssonne lachte, wich in den alten Klostergängen die Kälte noch lange nicht. Kein Strahl Sonne drang in das alte Gemäuer. Aber das war einerlei, ich war von Liebe und Herzlichkeit umgeben und hatte die Hände voller Arbeit und den Kopf voller Pläne. Der damalige Bischof [5], eine reizende Persönlichkeit, zu dem ich mit der Bitte gegangen war, mir doch den Eintritt in die Klausur zu genehmigen, hatte mir dieses auch erlaubt, wie ich später erfuhr, in dem Gedanken, daß ich später vielleicht in den Orden eintreten würde. Er irrte sich dabei allerdings gewaltig. Von seiner Erlaubnis machte ich aber gründlich Gebrauch. Jetzt konnte ich die Nonnen an ihrem Arbeitsplatz besuchen, ich durfte selber in den Werkstätten arbeiten. Bald war ich in der Weberei, bald in der Schreinerei, dann wieder in der Buchbinderei. Ich lernte Kunstgeschichte und Zeichnen, ich blätterte in

---

5 Johannes Leo von Mergel (1847-1932), bis 1905 Abt des Benediktinerklosters Metten, war von 1905 bis zu seinem Tod der 75. Bischof von Eichstätt.

alten Pergamenten und studierte Stile an den Kunstschätzen, die in der Abtei zu finden waren.

Damit ich dem praktischen Leben nicht ganz entfremdet wurde, schickte man mich zeitweise in die Küche zum Kochen und Backen. Ich schrieb eifrig Rezepte und trug in ein Buch ein, wie man Ölbilder behandelt und wie man Goldschnitte macht. Kurz: Alles wollte ich in den wenigen Wochen lernen.

Die Abende verbrachte ich bei Tante Lika. Wir erzählten uns tausend Dinge und fanden uns in unseren gemeinsamen Interessen. Ich konnte von der reifen gescheiten Frau viel lernen. Wir lachten und scherzten oft zusammen. Die Bande des Blutes knüpften uns noch enger. Oft sagte sie: "Man merkt, daß wir Kinder aus einem Nest sind". Häufig holte sie mich zu einem Gang durch den Garten. Dann stützte sie ihre starke Gestalt in meinen Arm. Bald merkte ich, daß sie mich gerne um sich hatte. Ich freute mich, in ihr einen Menschen gefunden zu haben, mit dem ich wirklich Kontakt hatte. Ihre geistige Beweglichkeit und ihre großzügige Einstellung zu den Dingen des Lebens fanden Widerhall in meiner Seele, die durch engen Klosterzwang und übertriebene Religiosität eingeengt und eingeschüchtert war.

Der Gesichtskreis weitete sich langsam, und das was eben zu meiner Bildung beitragen konnte, verschaffte mir meine Tante bedenkenlos. So kam ich oft ins Theater, und eines Tages schickte sie mich nach München. Ich ahnte damals natürlich nicht, daß diese Stadt später einmal lange Zeit mein Aufenthaltsort sein würde. Ich sah mir nur mit erstaunten Kinderaugen alles an, was eine Stadt einem Landkind zu bieten vermochte. Unter der Leitung einer sehr netten alten Dame, die früher Hofdame gewesen war, kam ich ins Theater und in die Museen, wurde zu Tee's und in Konzerte mitgenommen. Bewundernd stand ich in der Pinakothek vor den großen Werken der Vergangenheit: Wie schön müßte es sein zu malen.

Pannwitz / Schlesien

An einem Tag im Frühsommer (1929) nahm Vater mich an die Hand und ging mit mir durch den Park in Helmern. Ich spürte, er wollte mir etwas Besonders sagen, aber es dauerte noch eine ganze Weile, bis er damit begann: "Dir ist ein großes Glück in den Schoß gefallen", sagte er, "die alte Tante Tully will dich adoptieren, du sollst einmal das Gut Pannwitz in Schlesien bekommen. Du bist ein Mensch, der auf das Land paßt, und der auf dem Lande groß geworden ist. Es ist ein schöner Besitz. Du wirst einmal Freude daran haben. Es wird allerdings erst viel Mühe kosten, ihn wieder heraufzuarbeiten. Aber die Grundbedingungen sind günstig. Deine Aufgabe wird es sein, den alten Leuten [6] etwas Freude in ihr Leben zu bringen - das wird nicht leicht sein, die beiden Alten haben ihre Eigenarten. Nun warte aber erst mal, bis Tante Tully dir die Sache selber sagt". So kam es bald, und unter Tränen erklärte sie ihr Vorhaben. Ich stammelte immer nur von neuem meinen Dank - im Grunde war mir die Sache ziemlich gleichgültig.

Nicht zu vergessen komisch war die Szene, die sich 1929 in Kassel bei dem Rechtsanwalt abspielte, der den Erbvertrag schriftlich niederlegen sollte. Selbst der Rechtsanwalt konnte sich das Lachen nicht verkneifen, als die alte Dame immer wieder neue Zettel aus ihrer Tasche hervorholte, auf denen sie ihre Wünsche niedergelegt hatte. Und da diese alle einzeln herumflatterten, war es nicht so leicht, immer gleich den passen-

____

6 Die Adoptivmutter lebte dort mit ihrem Bruder.

den zu erwischen. Dabei hörte sie sehr schlecht, und alle mußten schrecklich brüllen. Die ganze Angelegenheit war recht kompliziert, dauerte Stunden, und sichtlich erleichtert und erschöpft sank der Rechtsanwalt in den Stuhl zurück, als endlich die Namen unter das Dokument gesetzt wurden. Ich schrieb meinen neuen Namen zum ersten Mal: Bocholtz-Asseburg. [7]

München 1935-1943

Ich mußte endlich mal damit brechen und das tun, wozu es mich innerlich hinzog. Und so reiste ich, ohne

---

7 Pannwitz (heute: Paniowice), Kreis Trebnitz – ca. 20 Kilometer nördlich von Breslau - ging um 1850 in den Besitz von Adolf Graf von Bocholtz-Asseburg (1817-1880) über. In der Ehe mit Eleonore Gräfin zu Münster (1818-1882) wurde Tusnelda – die spätere Adoptivmutter von Wisa Westphalen 1854 in Pannwitz geboren; sie verstarb 1949 in Helmern.
Im Jahre 1926 – 3 Jahre vor der Adoption - umfaßte das Landgut eine Fläche von ca. 600 Hektar; es war spezialisiert auf die Zucht von Oldenburger Reitpferden und Rinderzucht. Der Ort Pannwitz umfaßte zu der Zeit ca. 300 Einwohner. Das Herrenhaus wurde im Jahr 1785 erwähnt. Es wurde 1956 zerstört. Am 15.01.1945 verließen die Familie Bocholtz-Asseburg, die Gutsverwaltung und Mitarbeiter des Gutes Pannwitz und flohen nach Helmern.
Infolge der Adoption mußte Wisa Westphalen mindestens 3 Monate im Jahr in Pannwitz anwesend sein, was sie zu einer landwirtschaftlichen Ausbildung nutzte. Landwirtschaft war aber nicht ihre Leidenschaft, sondern die Kunst. Und die wollte sie in München weiterentwickeln.

viele Worte zu machen, nach München. An einem kalten Februartag stand ich mit meinen Koffern vor dem Bahnhof und wußte eigentlich nicht, wohin ich wollte und sollte. Meine Eltern hatten mir gesagt: "Du weiß ja selber nicht, was du willst", und so war es auch; deshalb konnte mir auch niemand raten. Schneller aber als ich selber gedacht hatte, kam Licht in das Dunkel.

Nachdem ich 14 Tage lang unermüdlich in Ateliers herumgekrochen war, nachdem ich überall mit offenen Augen und bereitem Herzen Erkundigungen eingezogen hatte, da wußte ich, was meine Aufgabe war, und ich schrieb nach Hause: "Ich habe meinen Meister gefunden, zu dem ich in die Lehre gehen möchte. Seine Sachen gefallen mir ausnehmend gut, und er selber scheint eine angenehme Persönlichkeit zu sein. Ich habe mir ein hübsches Zimmer gesucht und werde von morgens 9 Uhr bis nachmittags 16.00 Uhr arbeiten, und wenn es geht noch länger. Seid ohne Sorgen um mich und schickt mir Geld und Lebensmittel!".

So kam es - eines Tages zog ich zum ersten Mal in die Landwehrstraße 75. Meine Staffelei wurde in den Kreis von vielen gestellt und mit Mut und Lust, aber auch mit etwas Angst fing ich an, auf meine Pappe den Kopf des Mädchens zu zeichnen, das in lebender Gestalt vor mir saß. Und als dann die erste Pause kam und man sich kennenlernte, da war da ein alter Herr Geheimrat, der gleich sehr liebenswürdig manche Erklärung gab, verschiedene ältere und jüngere Herren und unter anderem Adolf Schwarzbeck [8], dessen Werk mir wie ein großes Kunstwerk erschien zwischen den anderen Studien. Er war es auch, der mir den ersten Unterricht erteilte, denn der Meister kümmerte sich nicht um so einen Anfänger wie mich.

Tagelang kam dieser überhaupt nicht, und ich war schon ganz verzweifelt, denn ich hatte gedacht, ich könne in wenigen Wochen "Malen lernen". Ich pinselte also immer weiter an dem Kopf, der mir gar nicht gefiel, und endlich knirschte eine Tür und die anderen sagten: "Kàlmàn ist gerade in sein Atelier gegangen - jetzt kommt er gleich zur Korrektur". Er kam und ging durch den Raum, blieb dann bei meinem Bild stehen, schaute es sehr gründlich an, und nach einigen Worten hin und her sagte er mir, daß es ein guter Anfang sei.

Nachher ließ er mich in sein Atelier rufen, zeigte

8 Künstlerkollege Adolf Schwarzbeck (1909-2000), der später in Regensburg lebte.

mir viele seiner Sachen und unterhielt sich lange mit mir. Mir gefiel seine nette ungarische Art sehr gut. Und ich verließ das Atelier mit dem Vorsatz, fleißig zu arbeiten; denn mir schien, hier konnte ich wirklich etwas lernen.

Aus dieser einen Unterhaltung wurden viele interessante Stunden, die für mich lehrreich und zugleich sehr gemütlich waren. Ich hätte niemals die Kraft gehabt, so fleißig und ausdauernd zu arbeiten, wenn nicht der Meister mir menschlich so sympathisch gewesen wäre. Dafür bin ich eben eine Frau, die immer in erster Linie mit dem Herzen urteilt. Und daß er mich richtig zu nehmen wußte, daß war sehr klug von ihm und für mein Weiterkommen von großem Vorteil. So hatte ich es vom ersten Tag an gut im Atelier, und wenn auch der Meister manchmal Launen unterworfen war wie jeder Künstler, zu mir war er immer sehr nett.

Das will allerdings nicht heißen, daß er mich nicht streng korrigiert hätte. Im Gegenteil, er sagte mir manchmal so gründlich die Wahrheit, daß mir die Tränen in den Augen standen. Je mehr ich arbeitete, umso gründlicher wurde mir von ihm Bescheid gesagt, aber der Schlußsatz war oft: "Dummes Patzerl, ich will ja etwas aus dir machen"; und das Gefühl hatte ich auch.

So arbeitete ich mit aller Energie oft bis in den Abend hinein. Wenn längst schon alle Schüler fort waren, saßen Schwarzbeck und ich noch lange zusammen und studierten an Totenschädeln. Oft war auch eine alte Dame bei uns, die als eine Art Phänomen in der Schule angesehen wurde. Ihre Art zu malen, war durchaus originell. Ein Studienkopf, der noch lange in unserer Schule hing, wurde von Kálmán als fabelhaft angesprochen und war von ihr nach nur zweijährigem Studium gemalt. Ich bewunderte damals diese eigenartige Frau sehr. Leider ist aus ihr nachher nicht das geworden, was man erwartet hatte. Sie hatte einen religiösen Spleen, fing dann an, „süß" zu malen und zu verkaufen. Mit der Kunst war es vom Augenblick an vorbei.

So wurde aus der Fahrt nach München ein längerer Aufenthalt. Immer wieder schrieb ich nach Hause: "Ich merke, daß ich Fortschritte mache, laßt mich noch hier". Was ich aber in Wirklichkeit merkte, daß dies erst der Anfang meiner Tätigkeit war, daß ich nur eben genippt hatte und ein weiter Weg noch vor mir lag. Je länger ich arbeitete, je länger wurde der Weg, denn erst langsam begann ich zu fühlen, worum es ging. Und so sehr ich mich freute, eine gute Schule und eine mich ausfüllende Tätigkeit gefunden zu haben, so fehlten auch hier nicht die schweren und dunklen Stunden, in denen ich verzweifelt vor meiner Leinwand stand. Bittere Tränen habe ich geweint und Kàlmàn sagte mir: "Nie hätte ich damals, als sie ankamen, gedacht, daß sie die Kunst so ernst nehmen". Von da an ging der Weg weiter, Schritt für Schritt. Zum Glück hatte man zu Hause Verständnis und ließ mich gewähren. Es gab für mich damals nur ein Ziel, damit erwachte ich und schlief auch damit ein.

Ich hatte im Anfang meiner Münchner Zeit wenige Bekannte, aber wenn ich heute daran zurückdenke, so war das mein Glück. Nur mit vollständiger Konzentration waren die Anfangsschwierigkeiten zu bezwingen, und so lebte ich in dieser Großstadt einsamer denn je.

Als dann der Sommer (1936) kam, übersiedelte Kàlmàn mit seinen Schülern nach Nußdorf am Inn. Auch ich vertauschte mein kleines Zimmer in München mit einem noch viel kleineren beim Barbier in Nußdorf. "Wie wird sich die Gräfin in Nußdorf einrichten?", hatte Kàlmàn besorgt den anderen Schülern gesagt. Aber diese seine Sorge war unnötig, und das sah er wohl auch bald ein. Ich war ja doch ein Landstrolch von Natur und kehrte nur dahin zurück, woher ich kam. Die Zeit in Nußdorf war sehr, sehr nett. Schon allein die prachtvolle Gegend begeisterte mich und dazu unter Leitung eines großen Meisters zu arbeiten, etwas Schöneres hätte ich mir gar nicht denken können!

So zog ich jeden Morgen bergauf an der reizenden Hütte von Kàlmàn vorbei zu unserem Arbeitsplatz. Alte Männer und Kinder aus dem Dorf standen uns Modell, sonst malten wir in der Landschaft. Oft wurden wir dabei vom Regen erwischt, oder die Sonne brannte unbarmherzig heiß, und die Mücken stachen. Aber das waren Kleinigkeiten, und wenn auch keine Kunstwerke entstanden, so kamen wir doch immer wieder ein Stückchen weiter.

Ab und zu wurde dann die Arbeit unterbrochen durch einen Besuch in Kàlmàns Haus. Viele Stunden habe ich dort gesessen und ihm zugehört - er wußte viel, der alte Meister, der einst als kleiner Junge Ungarn verlassen hatte und sich durch Not und Entbehrung zu dem emporgearbeitet hatte, was er heute war.

Es war etwas Eigenartiges um diesem schwarzen Menschen, dessen Vater Schafherden in der Puszta gehütet hatte. Stundenlang saß er vor der Hütte, und seinen lebhaften schwarzen Augen entging nicht die geringste Kleinigkeit, und sein reger Geist drang - so schien es mir - bis an die Grenzen menschlichen Wissens. Es gab viel zu denken für ihn hier in der Einsamkeit. Und wenn wir dann mit Rucksack und Nagelschuhen hinauf in die Berge stiegen, dann sagte er nur: "Ich sehe mir die Berge lieber von unten an", nahm sein Beil und spaltete Holz. "Immer malen kann man nicht", meinte er und hatte damit recht.

Aber eines Tages kam auch hier die Abschiedsstunde. Ich schlug wieder in München meine Zelte auf, und als im November die Eltern nach München kamen, konnte ich in meinem Zimmer eine kleine Ausstellung von allen Sachen machen, die ich seit dem Anfang gemalt hatte. Auch Kàlmàn wurde dazu eingeladen, und bei gutem Kaffee und kleinen Brötchen lernten sie meinen Meister kennen. Für den Abend verabredeten wir uns nochmals, und auch Vater war sehr begeistert von dem netten Ungarn. Sie waren jetzt überzeugt, daß ich es ernst mit meiner

Kunst nahm, und hatten sich auch wohl damit abgefunden, daß ich mich darin ausbilden wollte.

Im Sommer arbeitete ich mit übergroßem Eifer in meinem kleinen Atelier in Helmern. Man hatte mir versprochen, meine Bilder auszustellen und zu verkaufen. Ich wandte alle Kraft und alle Mühe auf. Alle verfolgten meine Arbeit mit liebevollem Interesse, besonders meine alte Großmutter nahm an meinem Tun sehr intensiven Anteil. So waren denn auch Ende August eine Anzahl Bilder fertig, und nie werde ich vergessen, wie ich aufgeregt mit meinem Paket in Berlin ankam. Und als die Bilder dann im Rahmen steckten, gefielen sie dem Kunsthändler sehr. Er schrieb mir einen Wechsel aus.

Wieder zu Hause angekommen äußerte Vater schon Bedenken über die Richtigkeit des Wechsels, und bald stellte sich heraus, daß der Händler ein Schwindler war. Meine Bilder bekam ich mit Mühe wieder, Geld sah ich nie, und menschlich hatte ich eine große Enttäuschung erlitten; die viele Mühe schien umsonst. Aber in Wirklichkeit war sie nicht umsonst - ich hatte viel dabei gelernt und gemerkt, daß Kunst und Verkauf zwei Dinge sind, und daß ein Kunstwerk noch lange kein verkäufliches Bild ist, daß aber viele Bilder verkäuflich sind, die mit Kunst nichts zu tun haben. Man muß seine Erfahrungen machen, dachte ich mir und ließ mir den Mut nicht nehmen.

1940

Ein Jahr Krieg, das ist eine lange Zeit. Ein Jahr warten in Spannung oder Lauschen in Aufregung, was durch den Äther dringt. Ich erlebte den Krieg in ländlicher Einsamkeit, teils in Westfalen, teils in Schlesien, aber ohne eingespannt zu sein in das Räderwerk 'Krieg'. Dennoch wurde ich davon mitgerissen, denn in dem Krieg waren Bruder, Freunde und Bekannte, und unserer aller Zukunft hing vom Ausgang dieses Krieges ab. Die Neujahrsglocken 39/40 klangen so ernst und unbestimmt, und ich lauschte ihrem Klang, als wollte ich den Tönen die rätselvolle Zukunft entreißen. Aber sie gaben ihr Geheimnis nicht her, und so war der Sprung ins neue Jahr ein Sprung in die Dunkelheit. Eisig kalt blies der Ostwind über die Fluren, und hoher Schnee bedeckte das Land.

Ein Auto fuhr vor, und ihm entstiegen ein paar Offiziere. Wochen und Monate waren sie nun schon unsere Gäste oder vielmehr unsere Einquartierung. Auf dem Hof standen an die 50 Fahrzeuge der schweren Schwadron, Reiter aus Fürstenwalde. Der Schnee hatte jedem Fahrzeug ein weißes Käppchen aufgesetzt, und so boten diese Kampfmaschinen einen durchaus friedlichen Anblick. Die meisten waren auch nicht von der Stelle zu bewegen, denn der Frost hatte seine Schuldigkeit getan, für den Krieg waren sie im Augenblick unbrauchbar. Aber wenn man sie genau betrachtete, so konnte man an ihnen manchen Kugeleinschlag erkennen. Nun ruhten sie aus, aber bei ihrem Anblick konnte man sich einer gewissen Angst nicht erwehren. Es war die Ruhe vor dem Sturm, das wußte jeder, nur wollte man es nicht wahrhaben. Während so die Fahrzeuge unten im Hof von vergangenen Tagen träumten, saß man oben im Schloß und spielte Karten. Man freute sich des Augenblicks, weil die Zukunft ungewiß und dunkel war.

So ging der Winter (1939/40) unendlich langsam - dahin. Man machte keine Pläne, man tat überhaupt sehr wenig. Man wartete nur noch und hoffte vielleicht auf ein unerwartetes Kriegsende. Ich malte etwas, aber ohne innere Anteilnahme und ohne Begeisterung. Der schönste Soldat der Schwadron saß mir Modell, aber was nützt das schönste Modell, wenn man innerlich nicht dabei ist?

Aber das war nicht die einzige Unruhe. Hier ein Haus voller junger Mädchen und dort eine Reihe hübscher Offiziere, da gab es manches auszufechten. Der einzige ruhige Punkt war Reginchen. Sie war eben noch ein unbefangenes Kind. Sie kannte jedes Auto auf dem Hof und jeden Soldaten. Es geschah in der Schwadron nur wenig, was ihren Kinderaugen entging. In ihrer reizenden Art gewann sie alle Herzen.

Mutter sah mit Sorge, wie die Hausmädchen für die Soldaten und die Töchter für die Offiziere schwärmten. Aber das Spiel der Natur ist so alt wie die Menschen selber. Und keiner kann für sich behaupten, dass er über den Dingen steht. Leichter kann man über andere schreiben, als über sich selbst. Das ist ein Nachteil aller Tagebücher – an einem Punkt hört man auf zu schreiben; was einem das Heiligste ist, das gibt man nicht preis. Soweit das bunte Spiel junger Menschen an einsamen Wintertagen vor den Kulissen einer sturmbewegten Zeit. Städte und Dörfer waren verdunkelt, Lebensmittel gab es nur auf Marken und Kleidung nur auf Punkte.

Am 10. Februar reiste ich nach München zurück. Ich suchte mir ein neues Quartier, welches ich dann in der Aumillerstraße fand. Mein Plan war nun, mich mit vollen Segeln in die Arbeit zu stürzen und aufzunehmen, was nur möglich war. So begann ich in der Schule Königs zu zeichnen. Der richtige Schulbetrieb war natürlich für mich sehr schön, aber es fehlte mir so an zeichnerischen Grundlagen, daß ich es für richtig hielt, jetzt durchzuhalten. Aber je größer der Mangel an Ware, je mehr stieg das Bedürfnis nach Bildern. So verließ ich nach zwei Monaten die Königsschulen und mietete mir ein Atelier bei Frau B. in der Virchowstraße.

Zu Ostern fuhr ich nach Eichstätt, weil mir die Sorge um meinen Bruder Raban keine Ruhe ließ. Raban lag mit seiner militärischen Einheit bis vor kurzem in Rumänien. Da plötzlich war der Krieg in Griechenland entbrannt. Raban war nach Bulgarien gekommen. Voll banger Sorgen glaubte man ihn in den Kämpfen. Dann kam Mitte April die erlösende Nachricht, daß er nicht eingesetzt wurde und sich gesund und munter in Sofia befand. -

Ich war also in meinem Atelier sehr tätig, verkaufte meine Sachen leicht und gut, und die Zeit begann, wo ich anfing, ein bißchen im Geld zu schwimmen, mir aber leider dafür wenig kaufen konnte. Im Mai siedelte ich dann in Schwarzbeck's Atelier über, in die Akademie. Hier waren bessere Modellmöglichkeiten und auch sonst ein angenehmes Klima. Dort machten wir es uns gemütlich, kochten Tee wie in alten Zeiten und führten ein richtiges Bohème-Leben. Auch aus dem Hofbräuhaus holten wir unsere Modelle. Wir erlebten die komischsten Dinge, und oft wurde herzlich gelacht.

In den Abendakt ging ich zu dem eigenartigen Professor Magneshofer. Ein Original vom Scheitel bis zur Sohle, aber ebenso begabt und tüchtig. Er machte mich auf Professor Schrader-Velgen aufmerksam und riet mir, ihn aufzusuchen.

Eines Tages läutete ich an dessen Atelier in der Franz-Josef-Straße im IV. Stock. Prof Schrader kam an die Tür, war ebenso liebenswürdig wie mit Farben beschmiert, und es ergab sich eine lange Aussprache. Mir gefielen seine Naturstudien ganz außerordentlich und ich beschloß, im Sommer zu ihm nach Wartenberg zu gehen. Er besuchte mich in den nächsten Tagen und alles, was er sagte, gefiel mir ganz außerordentlich.

Ich hörte damals bei Frau Prof. Maly die „Plastik in München". Aus diesem Grunde fuhr ich an einem schönen Sonntag nach Dissen am Ammersee, um mir Plastiken von Meister Dietrich auszusuchen. Ich brach in aller Frühe auf und erfuhr im Zug, daß in der Nacht der Krieg mit Rußland begonnen habe.

Am 15. Juli 1941 ging ich nach Wartenberg, nahe Moosburg. Dort hatte sich inzwischen ein kleines Malergrüppchen zusammengefunden um den Meister Schrader-Velgen. In sehr malerischer Tracht - in Lederhosen - holte er mich im Auto ab. Bald zog ich bei Frau L. ein in ein kleines bescheidenes Zimmerchen. Die Frau des Professors - selbst Malerin - machte einen sehr netten Eindruck auf mich. Zu dem Kreis gehörten noch ein Ungar, ein weltgewandter und lebenslustiger Herr, der mit seinen interessanten Geschichten den ganzen Kreis unterhielt und weiterhin eine Malerin mit Namen Gisela von Roon, die lange noch in München lebte.

In ihr steckte altes Soldatenblut und zugleich ein Stich Künstler- und Gelehrtentum; dies war zu einer nicht ganz glücklichen Mischung zusammengeflossen. Ihr Wesen war grundanständig und ehrlich, aber oft verworren und durcheinander; aber wir wurden gute Freunde.

Das Malen vor der Landschaft wurde mir schrecklich schwer. Wenn man immer im Atelier gemalt hat, ist man blind für die Farben in der Natur. Nachdem ich nun schon jahrelang gearbeitet hatte und meine Bilder verkaufte, kam ich mir wieder vor wie ein Anfänger, der den ersten Pinselstrich macht. Tag für Tag aber wurde es besser. -

Wieder in München, suchte ich mir ein Zimmer, diesmal in der Richard-Wagner-Straße. Bevor ich aber meine Arbeit wieder aufnahm, machte ich noch einen Abstecher nach Tirol und in die Steiermark: Der Herbst hatte alles in bunte Farben getaucht, ich atmete die frische Bergluft und freute mich der schönen Natur. Ein kleiner Ort, Prägraten am Fuß des großen Venediger, machte einen besonderen Eindruck auf mich.

Rabans Tod Juli 1941

Vermutlich am 6. oder 7.August erhielt unser Vater - Joseph v. Spiegel – in Helmern nachfolgend in Auszügen wiedergegebenen Brief [9] des Kommandeurs der Panzer-Aufklärungsabteilung 16 – Henning von Witzleben -, zu der Rabans Kompanie gehörte.

In Russland, 28.Juli 41

Sehr geehrter Herr von Spiegel!
Tieferschüttert muß ich Ihnen als Kommandeur der Panz. Aufkl. Abt. 16 die Mitteilung machen, daß Ihr tapferer Sohn gestern auf dem Div. Gefechtsstand durch eine Granate tödlich verwundet wurde.
Er war zusammen mit seinem Kameraden Ltn. Blomberg zur Erkundung eines Einsatzes nach vorn gefahren, hatte dort im Artillerie Feuer gelegen und es war nichts passiert.
Anschließend begaben sich beide Offiziere zum Div. GeF. Stand, um Meldung zu erhalten. Ltn. Blomberg ging 10 Schritte zum IA Wagen, während Ihr Sohn an seinem Wagen stehen blieb.
Plötzlich kam eine Gruppe Granaten, deren zweite als Volltreffer in den Stab einschlug. Ihr Sohn war durch mehrere Splitter sofort tot, da die Granate unmittelbar neben ihm einschlug. – Heute Nachmittag werde ich mit der ganzen Komp., unter Hinzuziehung des kath. Heerespfarrers der Div. eine würdige Feier am Grabe, das von der Komp. geschmückt wurde, abhalten. ... (Es) liegt mir aber aus ehrlichem Herzen daran, Ihren Sohn als einen der Tapfersten, vornehmsten Persönlichkeiten meines Offizierskorps zu bezeichnen. Ich konnte mich blind auf ihn verlassen und die schwierigste Aufgabe leistete er durch seine überzeugende Ruhe und die Gradheit seines Charakters. ... Aus jedem seiner Worte sprach

---

9 Brief liegt als maschinenschriftliche Abschrift vor.

Bescheidenheit für seine Person, Kameradschaft und Treue zur großen Sache.

Ich hoffe nach Abschluß dieses Krieges Ihnen persönlich mein tiefstes Mitgefühl in Ihrem Schmerz aussprechen zu können. Ich bitte Sie aber schon jetzt, Ihrer verehrten Frau Gemahlin, die sicher der Heldentod des einzigen Sohnes besonders schwer trifft, auch von mir tröstende Worte zu sagen, vor allem in Hinblick darauf, daß ich wußte, daß Ihr Sohn ein frommer Christ war und seine Seele bei Gott ist...Es ist nun der 13. Offizier, den die Abt. verliert. Sein Komp.Chef fiel schon vor 14 Tagen und ich konnte ihm beruhigt die Komp. anvertrauen. Nun ist auch er nicht mehr! Ich darf Sie, sehr verehrter Herr von Spiegel, meiner größten Hochachtung versichern und bin Ihr ergebener

gez. von Witzleben

Wisa von Westphalen fährt in ihrem Tagebuch fort:

Weihnachten 1941 fuhr ich nach Hause. Für die Eltern hatte ich das Bild von Raban gemalt nach einem Foto. Ich war sehr gespannt, wie sie es finden würden. Weihnachten war schmerzlich und wehmutsvoll. Der Verlust des guten Jungen kam so doppelt zum Ausdruck. Das Bild aber gefiel ihnen und kam in Vaters Zimmer.

1942

In den ersten Tagen des Januar 1942 reiste ich wieder nach München, und die folgende Zeit habe ich sehr bewegt in Erinnerung. Irgendwie hatte ich im Unterbewußtsein das Gefühl, eines Tages kann auf irgendeine Weise dieses freie Leben in München aufhören. Daher preßte ich in einen Tag alles, was nur hinein ging. Arbeiten tat ich nur so viel, um für meine Unternehmungen das nötige Geld zu haben. Ich verkaufte leicht und viel, und im Vorgefühl kommender schlechter Zeiten kaufte ich mir Bücher und Kleidung.

Im übrigen stopfte ich meinen Geist voll: Vorträge und Theater wechselten ab. Es gab Tage, an denen ich am Morgen, am Nachmittag und am Spätnachmittag - Vorträge hörte und am Abend noch ins Theater ging. Wieder andere Tage gab es, an denen ich ein Portrait malte oder für den Kunsthändler ein Bild heruntermalte. Er kaufte alles, was ich brachte, und ich konnte kaum noch glauben, daß es erst zwei Jahre her war, als A. Schwarzbeck und ich in Düsseldorf von Kunsthändler zu Kunsthändler zogen und unsere wirklich ganz guten Sachen nicht anbringen konnten.

Ich fing jetzt auch an, Bilder in die Ausstellungen zu schicken. Es war sehr aufregend, mein eigenes Bild im Ausstellungsraum zu sehen. "Es muß noch anders werden", so verließ ich meist den Raum. Aber die Zeiten waren nicht danach, um ruhig zu arbeiten. Viel zu viel strömte auf mich ein, es gab Wochen, in denen ich nicht einmal den Pinsel berührte. In die C.O. Müller-Schule ging ich nur selten. - Karl Schrader-Velgen kam ab und zu und schaute nach, was ich arbeitete. Er stellte fest, daß ich sehr wenig tat. Bei den Roons waren interessante Abende - besonders auf dem Gebiet der Literatur wurde vieles angeregt diskutiert. Doch immer mehr mußte ich einsehen, daß die Kinder der Roons geistig sehr rege und teilweise auch begabt waren, daß ihnen aber der Boden der Wirklichkeit etwas davon gerutscht war; für mich hatte diese übersteigende Geistigkeit etwas Angekränkeltes.

Die Zeiten waren eben anders geworden. Der Adel hatte lange ausgespielt. -

Tagebuch 1944

Anfang Mai 1944 fuhr ich mit Wilhelm Westphalen nach Pannwitz; es sollte unser letzter Besuch dort sein. Die alte 90jährige Frau empfing uns – Pannwitz war unverändert. Wie oft war ich im Laufe der letzten Jahre um Mitternacht dort angekommen. Wir wußten nicht, daß dies die letzte Reise sein sollte. Der nächste

Tag war ein sonniger Maitag; Wilhelm und ich gingen spazieren durch die schöne Natur. „Wird dies Pannwitz einmal unsere Heimat werden", das war die Frage, die mitklang.

Damals hatten wir noch die Hoffnung, daß die russischen Armeen vor den Grenzen des Reiches aufgehalten würden. Am Abend saßen wir im Wohnzimmer zusammen, bekamen von der alten Frau ein paar Goldmünzen, woraus wir uns unsere Eheringe machen lassen sollten. Ihre knöcherige Hand hielt die goldenen Münzen fest; sie ahnte damals noch nicht, daß sie sich eines Tages von allem trennen mußte. Nicht weil der Tod sie – nein - weil der Krieg sie vertrieb aus ihrem Heim und von ihrem Land, woran sie mit leidenschaftlicher Liebe hing. Die goldenen Ringe sollten ihren Zweck nicht erfüllen. In Autun (Burgund) nahm die Feldgendarmerie sie Wilhelm ab, als er verhaftet wurde.[10] Sie wurden mit verflochten in das nie ganz

______

10 Die Gefangenschaft, Verurteilung und Überstellung an das Reichskriegsgericht nach Torgau ist jetzt enthalten in: Wilhelm von Westphalen: In diesem Käfig sitzen wir zu fünft. Briefe aus dem Wehrmachtgefängnis Fort Zinna/Torgau an die Verlobte Aloysia von Spiegel. Norderstedt 2023. Anfang 2024 wird in der Gedenkstätte Wehrmachtgefängnis Torgau eine neue Dauerausstellung „Erinnerungsort Torgau" eröffnet, in der auch die Haftbiographie Wilhelm v.

geklärte Bild dieser merkwürdigen Verhaftung.

In den Morgenstunden des 8. Mai 1944 brachte ich Wilhelm zur Bahn nach Breslau. Wir nahmen Abschied für kurze Wochen; in Wirklichkeit dauerte es 8 Monate, bis er wieder heimkehrte zu unserer Hochzeit am 8. Januar 1945.

Anfang Januar standen die russischen Truppen in Schlesien, und am 15.1.1945 war auch Pannwitz in ihrer Hand. Und so war mit einem Schlag alles genommen, was ich als sicheren Boden jahrelang unter meinen Füßen wußte.

1944 bis Kriegsende in Helmern

Das welke Laub fällt zu Boden, und Herbststürme wehen über das Land. Noch kehrt Wilhelm nicht nach Hause. Der Krieg steht noch zwischen uns und unserem Glück. Aber ich lasse mir die Hoffnung und den Glauben nicht nehmen, daß wir uns eines Tages doch zusammenfinden und dann gemeinsam unseren Le-

---

Wesstphalens dokumentiert wird. Raban Graf von Westphalen hat der Gedenkstätte Dokumente und Exponate aus dem Nachlass seines Vaters geschenkt.

bensweg weitergehen. Der Krieg geht zu Ende, und während ich dies schreibe, ist mir schon, als fühlte ich den Morgen eines besseren Tages dämmern.

Endlich kann ich den Schlußstrich setzen unter Wilhelm´s Haft, die am 10. Dezember – an seinem Geburtstag – ihr Ende fand.

Am 11. Dezember gegen Mittag stand er vor mir. Ich konnte es kaum fassen, daß endlich Wahrheit geworden, was ich seit Monaten ersehnte! Und mit einem Mal war vergessen, was an Not und Entbehrung an Unrecht und Leid die lange Zeit gebracht hatte, und was an Sorgen und Ängsten unzertrennbar mit dieser Haft verbunden war.

Fünf Monate Haft und Gefangenschaft bei der Résistance, zwei Monate gefahrvolle Arbeit mitten im Widerstand: Das war unsere Brautzeit. Ich nahm unmittelbar an dem Geschehen teil, und dadurch war es mir so zum Lebensinhalt geworden, daß auch ich einen Teil der Last trug. Mein Los war mehr das ständige ungwisse Warten und das sich oft leidvolle Verzehren nach einem geliebten Menschen.

Aber aussöhnend möchte ich dazu schreiben: Dieses Leben wäre nicht zu ertragen, wenn nicht die Liebe wäre; sie aber ist das große Geschenk der Götter, und um ihretwillen ist es wert, ein Mensch zu sein. Sie gibt einem die große Kraft, unsagbares Leid zu ertragen, und wenn man dann wieder in zwei geliebte Augen schaut dann ist man ausgesöhnt, und der Mantel des Vergessens senkt sich über Leid und Not. -

Tagebuch März – Mai 1945

Langsam drang nun auch die Kunde von dem Ende unserer großartigen Führung durch. Goebbels hatte sich mit seiner Familie das Leben genommen, Himmler nach der Verhaftung Gift geschluckt, Ley war im Hemd irgendwo versteckt gefunden worden, Streicher zog verkleidet durch die Lande und trug eine Maske, die manchem seiner „Stürmer"-Bilder als Juden ähnelte. Auch Göring war unter den Gefangenen und viele andere unserer Größen. Ohne Mitleid nahm man an deren Schicksal teil. Ihre Schuld war zu groß, als das man für sie eine Entschuldigung gehabt hätte. Vielmehr zu bedauern waren jene, die aus Dummheit, Ehrgeiz oder wirtschaftlichen Gründen diesem System angehangen hatten, und die mitgefangen wurden.

Oder jene armen Jungen, die ohne ihr Zutun einfach

als Soldaten Hitlers irgendwo in einem Lager saßen, hungerten und froren. Aber wer war denn wirklich schuldig oder unschuldig in Deutschland? Hatten wir nicht alle Hitler in den Sattel gehoben und ihm einmal Blumen auf den Weg gestreut? Aber wir stehen noch zu sehr in dieser Zeit, als daß wir in der Lage wären, uns ein Urteil zu bilden. Die Geschichte wird es einmal schreiben, sie wird auch zu würdigen wissen, was gut und recht an dieser Sache war. Wir haben die Zeit erlebt, wo alles, was Hitler sagte, für Recht galt, und auch die Zeit, wo alles, was er tat, verdammt wurde. Beides ist übertrieben – die Waage „Zeit" wird richtiger wiegen. Nun aber müssen wir den bitteren Kelch, den er uns eingegossen hat, austrinken. Die Spuren dieses Krieges sind nicht auszulöschen. Viel zu sehr hat er uns in den letzten Jahren beschäftigt. Er hat uns Zeit und viel Kraft geraubt, und doch konnten wir nichts an ihm ändern und waren nur Zuschauer. Was in unseren Kräften steht, ist aus den Trümmern nun unser eigenes Schicksal neu zu gestalten.

Die Nachrichten, die vom Osten kamen, überboten alles bis dahin Gehörte an Grausamkeit. In schneidender Kälte bewegte sich ein endloser Flüchtlingsstrom von Osten gen Westen. Feindliche Bomber warfen ihre todbringenden Lasten auf arme, gequälte Menschen. Die Schicksalsstunde Dresdens und vieler anderer deutscher Städte hatte geschlagen. Man hörte täglich die furchtbarsten Berichte, und man nahm sie stumm und gefühllos hin. Wir warteten ab, denn dichter und dichter zogen sich die Wolken über dem eigenen Haupt zusammen.

Inzwischen wurde es Anfang März, und nun setzte sich auch im Westen die Front in Bewegung. Sie faselten zwar immer noch von großartigen Vergeltungswaffen, die in kurzer Zeit eingesetzt würden; in Wirklichkeit aber standen die Russen überall an der Oder, waren schon mitten in Sachsen, und Engländer und Franzosen drangen bis an den Rhein. Ehe wir es für möglich hielten, war bei Remagen der erste Brückenkopf gebildet, und bald folgten neue.

Jetzt war auch unsere Schicksalsstunde gekommen, und das wußte jeder. Ich fürchtete immer noch, die Nazis würden in ihrer letzten Stunde wie eine zu Tode verwundete Schlange ihr Gift in die eigenen Reihen spritzen.

Doch alles war bereits so in Auflösung begriffen,

daß es zu den letzten verzweifelten Maßnahmen gar nicht kam. Die Vorbereitungen, die auf höchste Anordnung noch getroffen werden mußten, waren so lächerlich, daß sie jedem gesunden Menschenverstand Hohn sprachen: So grub man an den Straßen Löcher, wo zu gegebener Zeit ein Mann mit einer Panzerfaust reinsteigen sollte, um die anrollenden Panzer umzulegen. Tatsächlich wurden auch drei Panzerfäuste in unserem Dorf verteilt. Aber wohl keiner hatte die Absicht, sie jemals abzuschießen. Sie flogen nach kurzer Zeit in den Bach; aus dem Kasten, in dem sie lagen, zimmerte man einen Zaun, und lange konnte man noch über die Aufschrift „Panzerfaust" lachen.

Aber das war nicht der einzige Blödsinn, der geleistet wurde. Es wurde auch eine Panzersperre mitten im Dorf Helmern gebaut. Jeder lächelte, als die morschen Fichtenstämme in den Bogen gepflanzt wurden, aber keiner wagte, ein Wort dagegen zu sagen. Die Köpfe in Deutschland saßen in jenen Tagen lockerer denn je. An den Straßen sägte man die alten Bäume um und warf sie über den Weg. Sie sollten die Panzer aufhalten. Und als nächste Waffe holte man alte und gebrechliche Männer her, für die man keine Ausrüstung fand. Frauen und Mädchen standen bereits an Geschützen. In monatelanger Arbeit waren im Osten und Westen Gräben geworfen worden. Menschen hatten sich in Nässe und Kälte den Tod geholt oder waren von Tieffliegern erschossen worden. Aber den Panzern waren diese Gräben kein Hindernis. All diese Maßnahmen konnten das Ende nur verzögern, aber verhindern konnten sie es nicht.

Die Gefahr der Tiefflieger wuchs täglich, schon lange war jede Eisenbahnfahrt mit Lebensgefahr verbunden. Aber auch eine Wagenfahrt war bei hellem Wetter zu einer Unmöglichkeit geworden. Heute klingt es schon fast wie ein Märchen, wenn man bedenkt, daß die Leute bei der Arbeit auf dem Felde beschossen wurden, und daß es Wochen gab, wo jeden Tag eine andere Schreckensgeschichte in nächster Nähe geschah. Wir wußten selbst nicht mehr, wohin wir gehen sollten: War man im Garten, floh man in den Keller; war man im Keller, suchte man Schutz im Freien. Am Abend war der Himmel oft blutrot von den Bränden in den fernen Städten, und das Krachen der schweren Bomben war erschreckender und kam immer näher.

Da waren oft tausende von Fliegern, die über uns

hinweg ein Ziel anflogen. Für uns blieben die einzelnen Flieger eine Gefahr, die mit teuflischer Schnelle über die Berge huschten und mit derselben Eile irgendwo im All verschwanden. Schrecken und Angst, Blut und Leichen ließen sie zurück, und noch lange zeichneten Schrott und Trümmer ihre Bahn.

Was die Menschen in den Bunkern der großen Städte, auf den Bahnhöfen und auf Reisen erlebten, übersteigt jede Beschreibung. Und wohl keinen gibt es, der nicht mal in nächster Nähe die Bomben hat krachen hören. Der Todesengel flog durchs Land, kein Tag verging ohne Sorgen und Schrecken. Man rang täglich ums nackte Leben, alles andere hatte seinen Sinn verloren.

So war die Lage Anfang März, als Wilhelm von Brakel mit der Nachricht kam, daß er nun in ambulante Behandlung käme und dreimal die Woche ins Lazarett müßte. So war nun mein größter Wunsch in Erfüllung gegangen. Brakel war ja auch nicht mehr sicher: Auch diese harmlose Stadt war bereits von Fliegern heimgesucht worden, und außerdem spitzte sich die Lage so zu, daß ich glücklich war, Wilhelm in nächster Nähe zu wissen. Wir ahnten ja nicht, wie sich das

Ende des Krieges gestalten würde. Alle Möglichkeiten wurden in Rechnung gestellt. Wir suchten uns im Wald geeignete Verstecke für den Fall, daß man uns noch vertreiben würde. Wir packten Rucksäcke mit den nötigsten Sachen, vergruben unser Silber und versteckten die Wertsachen. Das Donnern der feindlichen Geschosse kam immer näher.

Ab Mitte März hatten wir verschiedentlich Einquartierung deutscher Truppen. Wie blind der einzelne Soldat noch in jenen Tagen war, ging aus den Reden jener jungen Leute hervor, die noch glaubten, daß bald ein Vormarsch im deutschen Osten käme, und daß man noch Waffen in Bereitschaft hätte, so daß an eine Niederlage nicht zu denken sei. Wir schüttelten den Kopf und schwiegen. Wie war es möglich, ein ganzes Volk so zu betrügen? Einen traurigen Anblick bot die letzte Einquartierung. Ein junger, schon oft verwundeter Soldat führte die Kompanie von alten, gebrechlichen Männern, die teilweise erst ein paar Tage beim Militär waren. Mit derart vollkommen kampfunfähigen Männern schickte man ihn los. Er wußte genau, was man von ihm verlangte, und für welche aussichtslose Sache er seine Leute opfern mußte.

In der Woche vor Ostern überschlugen sich die Schreckensnachrichten. Wie die Lage eigentlich war, wußte niemand, da es keinen Strom gab und wir kein Radio hatten. Am Karfreitag morgen, als wir zur Kirche nach Fölsen fuhren, bot sich uns ein trostloses Bild: Die Straße war voll rückflutender Truppen, die in einer schrecklichen Verfassung waren. Ausgehungert, zerlumpt, ohne Waffen und Verpflegung. Über dieselbe Straße waren vor wenigen Tagen tausende von Ausländern gezogen, welche die Nazis in letzter Stunde aus den Industriestädten irgendwohin schickten, um mögliche Unruhen zu verhindern. Die armen Menschen waren zum Teil im Graben niedergesunken vor Schwäche, und nie wird man diesen Zug des Jammers vergessen. Aber das war nur ein Unrecht von vielen, welches auf unseren Schultern lag.

In unglaublicher Schnelle rückten die Amerikaner von Süden und die Engländer von Norden vor. Karfreitag hieß es: Der Feind sei bis Warburg. Meine Sorge war nun, daß Wilhelm nicht rechtzeitig hier ankam. Und tatsächlich war es auch die letzte Stunde, als er mittags wieder in Helmern einlief. Soldaten, die ihm entgegenkamen, hatten ihm zugerufen: „Kamerad, nimm aber eine Panzerfaust mit!"

Am Nachmittag dieses Tages hielten bereits Panzer auf den Höhen um Peckelsheim; zeitweise war eine schwere Schießerei in der Nähe von Scherfede. Am Abend kam die Nachricht, wir sollten in den Keller gehen, feindliche Panzer seien im Anrollen. Unser kleiner Keller war überfüllt, wir konnten unsere eigenen Worte nicht verstehen. Alles war in großer Aufregung, aber kein Panzer kam; nach einer Stunde gingen wir befriedigt wieder nach oben in der Hoffnung, der Krieg sei über Helmern hinweggerollt, und man hätte das kleine harmlose Dorf vergessen.

Ernst wurde die Lage erst am anderen Morgen, als wir aus tiefen Träumen geweckt wurden mit der Nachricht, daß eine deutsche Kompanie Helmern verteidigen müßte, und daß Frauen und Kinder auf schnellstem Wege den Ort verlassen sollten. Diese Nachricht ließ wohl jeden innerlich erbeben. Eine Kompanie Soldaten mit einem Panzer war wohl kaum in der Lage, die Alliierten aufzuhalten, ohne aus unserem friedlichen Dorf einen Trümmerhaufen zu machen. Von jetzt an war die Lage äußerst ungemütlich. Wir schleppten in aller Eile alles, was nur möglich war, in den Keller und stellten Wasser in Gefäßen in die Räume. Wir wollten das Haus nicht verlassen und abwarten, was geschah. Sahen wir aus dem Fenster, so bot sich uns ein schreckliches Bild: Auf den Höhen, im Dorf und auf dem Gut gruben sich deutsche Soldaten in die Erde, und aus dem Dorf zog ein trauriger Zug von Leuten mit ihrer Habe in den Wald. Von Ferne hörte man Schießen und sah Rauch zum Himmel steigen.

Die Stunden vergingen, und es wurde Ostermittag. Das Essen stand auf dem Tisch, jeder schlang ein paar Bissen herunter und ging wieder in den Keller. Obwohl Wilhelm nicht einsah, warum er immer in den Keller mußte, hielt er bei mir aus, wofür ich ihm sehr dankbar war. Immer wieder überlegten wir, wann und wo die weiße Fahne gezogen werden mußte. Sie war wirklich unsere einzige Rettung. Um 2.00 Uhr nachmittags setzte plötzlich eine Schießerei in nächster Nähe ein. Die Nachricht verbreitete sich schnell, daß die feindlichen Panzer von einer ganz anderen Seite gekommen waren. Schon brannten am anderen Ende des Dorfes einige Feldscheunen. Wir handelten, weil wir handeln mußten: Die weiße Fahne wurde gezogen

Wir saßen im Keller und warteten. Die Spannung war auf dem Höhepunkt. Was sich draußen abspielte, war unklar. Ab und zu fiel ein Schuß, sonst war Stille. Dann kam Bewegung; deutsche Truppen rannten wirr herum – ohne Waffen; der Oberleutnant kam ins Haus und löffelte schnell einen Teller Suppe aus. „Die Lage ist aussichtslos" - stotterte er, „20 feindliche Panzer halten auf den Höhen, drei sind bis ans Dorf herangefahren". Bald kamen schon amerikanische Soldaten ins Tor hinein, vorsichtig nach allen Seiten suchend. Unser Oberleutnant ging mit einigen Soldaten – alle mit erhobenen Armen – dem Feind entgegen. Dieses Bild bleibt mir unvergeßlich: Ein abgekämpfter deutscher Soldat wird genau durchsucht, hebt die Arme vor einem kraftstrotzenden Amerikaner; nun ist unser Schicksal besiegelt.

Bald kamen diese wilden Gesellen – eine andere Welt – ins Haus, verlangten die Waffen und forschten nach deutschen Soldaten. Sie nahmen die Jagdgewehre, Ferngläser und Photoapparate mit und verboten uns, das Haus zu verlassen. Im Turm auf dem Hof wurde ein Beobachtungsstand gebaut, und Leitungen wurden gelegt. Amerikanische Soldaten gingen durch

Hof und Garten und schleppten unsere Schätze mal wieder vom Keller nach oben. Um das Haus herum standen deutsche Fahrräder, und überall lag deutsche Munition. Unsere stolze Wehrmacht war auf und davon in Richtung Weser. Der deutsche Leutnant, der das Dorf so kampfstark verteidigen wollte, hatte einen Schuß bekommen. Der eigentliche Retter des Dorfes war unser Schweinejunge, der die weiße Fahne auf den Kirchturm gezogen hatten. Die Leute kehrten langsam ins Dorf zurück, noch ganz erschüttert von dem Erlebten. Denn wie alle in letzter Stunde getroffenen Maßnahmen war auch die ein Wahnsinn, die Leute in den Wald zu schicken. Der Feind vermutete dort mit Recht deutsche Soldaten und belegte die Wälder mit Feuer. Was uns auch geschehen war: Im Grunde war der Krieg für Helmern milde gewesen. Unsere Häuser standen, und wir lebten alle noch.

Bald kam neue Aufregung: Im Dorfe wurde angeschlagen, daß jeder deutsche Soldat als Gefangener mitgenommen würde. Ich erblaßte bei dieser Nachricht – das hatte ich nicht in Rechnung gestellt. Die Nacht von Ostersonntag auf Montag verbrachten wir in der Küche, wo die dickste Mauer war. Im Wald wurde viel geschossen, und um Mitternacht wurde es so schlimm, daß wir alle wieder in den Keller gingen. Am nächsten Morgen strömten die Menschen ins Haus. Die Amerikaner hatten uns befohlen, uns in Sicherheit zu bringen. Die SS bereite einen Vorstoß vor, und vielleicht würde Helmern zurückerobert! Eine schlimmere Nachricht hätte uns nicht treffen können. War am Sonntag unsere Lage kritisch gewesen, am Montag war sie es wesentlich mehr. Jetzt lagen gut ausgerüstete feindliche Truppen um das Dorf; würde es der SS gelingen, bis hierher vorzustoßen, so würde Helmern in Flammen aufgehen, und die SS würde erstmal aufräumen, da so viele weiße Fahnen gezogen waren.

Tatsächlich fürchteten wir uns jetzt vor den eigenen Truppen mehr als vor dem Feind. Der ganze Morgen war wieder voller Sorge und Schrecken. In der Ferne hörten wir tolles Schießen. Gegen Mittag ließ die Spannung nach, und im Laufe des Nachmittags kehrten die Leute ins Dorf zurück, wo sie teilweise durchwühlte Häuser vorfanden.

Was in Wirklichkeit geschehen war, hörten wir später: Einigen deutschen Panzern war es gelungen, in ei-

nem überraschenden Augenblick in den Ort Willebadessen vorzustoßen, wo angeblich amerikanische
Truppen sich dem Alkohol ergeben und nicht aufge-
paßt hatten. Dort hatten sich die Panzer aber sofort in
den Häusern festgefahren und waren alle dem Unter-
gang geweiht; junge, tapfere Kerle bluteten und star-
ben noch in letzter Stunde für die Wahnsinnsidee einer verantwortungslosen Führung.

Was in der Welt geschah, davon ahnten wir nichts
mehr. Tausende von Panzern, Wagen und Geschützen
jagten in diesen Tagen der Weser zu. Autos fuhren
vor; amerikanische Soldaten durchsuchten unser
Haus. Schwarze und blonde Menschen mit braunen
und mit schwarzen Augen, große und kleine. Sie ver-
breiteten um sich die Atmosphäre einer anderen Welt,
wir schauten sie an wie fremde Wesen. Noch in der
Nacht von Montag auf Dienstag boten sie uns ein
Schauspiel, daß ich kaum so farbig schildern kann, wie
es in Wirklichkeit war: Wir waren alle von den Ereig-
nissen der letzten Tage abgespannt, übermüdet und
hatten außerdem das Gebot, Haus und Hof nicht verlassen zu dürfen. So war es möglich, daß zwei Soldaten unter dem Einfluß von Alkohol uns fast die ganze

Nacht verängstigten, indem sie immer abwechselnd die Männer mit dem Tode bedrohten und die Frauen zu vergewaltigen versuchten. In Wirklichkeit geschah niemandem das Geringste und das Ende der Aufführung waren zwei gänzlich betrunkene Soldaten, die über dem Tisch lagen und bis in den Morgen schliefen. Nachher mag man darüber lachen: Zu lachen aber war keinem zumute, als wir immerhin – zehn bis fünfzehn Personen – in einem Zimmer kauerten und abwarteten, was nun geschah. Wir saßen da, wie zum Tode verurteilt, und die zwei lustigen Kerle trieben ihr Spiel mit uns. Sie hatten die Waffen, sie hatten die Macht, und dieses Gefühl des Sieges gab ihnen Mut, immer neue Späße mit uns zu machen.

Um Wilhelm war meine Sorge die ganzen nächsten Tage. Es war eine glückliche Fügung, daß keiner in ihm einen deutschen Soldaten vermutete, wir vernichteten alles, was an Soldatsein erinnerte und steckten die ganze Uniform in den Ofen. Die Woche nach Ostern war höchst eigentümlich. So lächerlich es klingt, aber wir waren für 4 Tage erste Kampflinie. Die Amerikaner blieben aus irgendwelchen Gründen bei uns liegen, und schon der nächste 2 km entfernte Ort war deutsch. Hier hatte sich die SS festgesetzt, die von dort ihren Kampf führte. Sie erschoß hier wie an vielen Orten noch deutsche Jungen, die das sinnlose Spiel nicht weiter mitmachen wollten. So froh wir waren, da die feindlichen Flieger keine Gefahr mehr für uns waren, so überrascht und erschrocken waren wir, als nun plötzlich wieder deutsche Flugzeuge auftauchten und Bomben warfen. Es war ein Krach, daß wir glaubten, das Ende sei gekommen. Das Schießen hörte überhaupt Tag und Nacht nicht mehr auf. Gleich hinter dem Hof standen Maschinengewehre, die dauernd über unsere Köpfe schossen. Aber es waren nicht alles Abschüsse, die man hörte. Erst später wurde uns klar, wieviel Glück wir gehabt hatten.

Überall in den Wäldern verstreut war noch SS gewesen. Granatwerfer hatten in nächster Nähe gestanden, und die Unternehmungen der Amerikaner gegen die SS waren sehr gering. Auch hatte man uns 30 russische Arbeiter auf den Hof gelegt; denen zu Ehren wurde eine Kuh geschlachtet, deren Zerlegung und Zerteilung Wilhelm übernommen hatte. Er führte überhaupt in diesen kritischen Tagen die Küche, was in jeder Hinsicht günstig war. Er kochte gut und reichlich und trug im wesentlichen dazu bei, unsere zerrütteten Seelen noch einigermaßen lebensfähig zu erhalten. Außerdem war er auch den großen Massen, die zu verarbeiten waren, eher gewachsen. Es wurde ja in diesen Tagen weder Milch abgeholt, noch konnten wir sie wegbringen. Wir konnten buttern, soviel wir wollten; Milchsuppen ersetzten das Brot, welches ebenso wenig aus dem Nachbarort kommen konnte.

Wir waren gefangen im eigenen Haus, und nur für Stunden war es möglich, die nötigsten Gänge zu machen. Vaters Weinvorrat war immer ein Anziehungspunkt für die Soldaten; als die Vorräte schwanden, entschlossen wir uns, den Rest zu verstecken. Kein Versteck wurde als sicher angesehen, und der Wein wanderte vom Hühnerstall ins Treibhaus, von dort in die Erde und zurück.

Am Donnerstag kam Bewegung in unsere Besatzung. Es hieß, sie rückten ab. Für uns eine Freudenbotschaft. Die dauernde Schießerei waren wir leid; tagelang hatten wir in Küche oder Keller geschlafen, unsere Sachen herumgeschleppt und versteckt.

Aber bevor sie abzogen, machten sie noch einen netten Besuch: Ungefähr 300 Mann – 2 Kompanien – wurden aufs Gut gelegt, um angeblich vor Fliegern sicher zu sein. Ein Teil blieb auf dem Hof, ein weiterer Teil im unteren Haus verteilt. Zunächst verhielten sie sich auch ruhig, aber als dann aus zwei Stunden ein ganzer Tag wurde, begann es den Soldaten zu langweilig zu werden: Sie stiegen ins ganze Haus und verteilten sich, nachdem sie ihre Waffen abgelegt hatten, setzten sich auf die Möbel, rauchten und wärmten ihre Konserven, stellten Musik an und spielten Karten, brachen Schränke und Möbel auf, kramten überall herum, spielten wie Kinder mit jedem Gegenstand und nahmen mit, was ihnen begehrenswert und wertvoll erschien. Wir liefen dazwischen herum und konnten nur gute Miene zum bösen Spiel machen. Es ließ sich nicht leugnen: Manche komische Szene spielte sich ab. Für Schriftsteller und Maler waren ansprechende Motive in überreicher Form gegeben.

Nie werde ich die interessanten Bilder vergessen, wenn ich durch Keller und Flur ging, wo Soldaten in jeder Stellung lagerten, die Gesichter beleuchtet vom Schein der brennenden Feuer. Sie aßen und tranken, lachten und schliefen. Es waren schöne Kerle darunter, wild wie ihr Handwerk „Krieg". Hoch und breit gewachsen mit blendend weißen Zähnen. Oft hätte ich gern mit ihnen gesprochene, aber die Sprache war anders: anders wie die Welt, aus der sie kamen. Auch in Hof und Garten bot sich ein buntes Bild: Überall brannten Feuer und überall vertrieben sich Soldaten auf irgendeine Weise die Stunden.

Hoch ging es in Vaters Ankleidezimmer her, wo sie im Kleiderschrank versteckten Wein gefunden hatten, und reger Betrieb war auch im Keller, wo unsere Koffer gestapelt waren, die sie einfach mit großen Messern aufschnitten und durchsuchten. Hier unten im Keller lagerte auch überalterter Apfelwein. Er wurde immer wieder mit neuer Begeisterung probiert, und als sie dann in einer Kiste unseren Eierbestand entdeckten, begann in der Küche das Rührei-Schlagen. Wohl 400 Eier mußte Wilhelm in den Nachmittagsstunden braten, was ihm manche Zigarette einbrachte. Auch war er langsam zur Sensation geworden: Ein Graf, der für die Soldaten kochte, war für sie etwas Sehenswertes! Vom Keller bis zum Speicher gab es bald nichts mehr, was nicht durchsucht worden war.

Als abends um 6.00 Uhr endlich das Signal zum Abmarsch geblasen wurde, atmete alles erleichtert auf.

Den Truppen folgten auch die Russen, die auf dem Hof lagen; sie schleppten mit, was sie zusammengeklaut hatten, und ließen eine wohltuende Ruhe zurück, aber ebenso eine erschreckende Unordnung: Die Räume, in denen sie gehaust hatten, sprachen jeder Beschreibung Hohn. Dort lagen angeschnittene Schinken und aufgerissene Weckgläser zwischen Kleidern und alten Lumpen, die sie mit besseren Sachen vertauscht hatten, und zwischen allem schritt ein noch völlig erschütterter Verwalter herum. Sie hatten ihm die Arme auf den Rücken zusammengebunden, hatten ihn aller seiner Sachen beraubt, ihn geschlagen und mit dem Tode bedroht Auf dem Hof brüllten die Kühe, die man den ganzen Tag nicht gemolken hatte. Vater goß Wasser in die noch glimmenden Feuer und so versuchte jeder, wieder etwas Ordnung in das verwüstete Haus zu bringen und festzustellen, was alles gestohlen war.

Der nächste Tag war ganz im Zeichen des Reinemachens: Haufen von Schutt und Abfällen wurden zusammengebracht, und in den Resten fanden wir manches Tütchen Kaffee, Zigaretten und Limonadenpulver. Als wir gerade froh waren, mit dem Aufräumen fertig zu sein, kam die Nachricht, im Dorf würden neue Truppen einquartiert, und wir müßten die obdachlosen deutschen Familien unterbringen. Wieder wurden die verfluchten Sachen von einer Ecke in die andere gepackt, aber kamen weder ein Soldat ins Dorf noch die Dorfleute zu uns.

Für Abwechslung wurde dennoch gesorgt: Am Sonntag fuhr in der Frühe ein Auto vor mit Ausländern, die uns in sehr gebrochenem Deutsch erklärten, daß bis zum Mittag das ganze Haus für Truppen ausgeräumt werden müßte. Weitere Wagen kamen, starke Männer griffen zu, und in wenigen Stunden war die Räumung geschafft. Da erreichte uns die Nachricht, daß der Umzug nicht nötig sei. Anstatt sich über diese Nachricht zu freuen, schimpften wir über die umsonst gemachte Arbeit und räumten ebenso unlustig den ganzen Kram wieder ein. Damit war die für uns aufregendste Kriegswoche ihrem Ende zugegangen, gemessen am großen Geschehen waren dies natürlich nur lächerliche Kleinigkeiten.

Was bedeutete das alles in einer Zeit, wo ein sterbendes teuflisches System seine letzte Wut an einem armen gequälten Volk ausließ? Was brachte uns die nächste Zeit an Neuem? Ich erinnere mich, daß die

Ausgangssperre gelockert wurde und wir langsam wieder mit der Außenwelt in Verbindung kamen. Jeder hatte das Kriegsende anders erlebt, und in manchem unserer Nachbarorte war es viel dramatischer als bei uns gewesen. In den Nachbarorten Borlinghausen und Niesen waren Artilleriegeschosse direkt in die Häuser geschlagen. Manche Dörfer waren fast vollständig zerstört. Über dem Kreis Höxter war dann der Krieg viel schneller und leichter und überdies erst acht Tage später hinweggegangen.

Wenn wir uns nach Bekannten umhörten, so verfuhren wir, daß dieser und jener verhaftet sei. In Wirklichkeit hatten sie nur die Nazis geholt, und mancher, der noch bis zuletzt diese verfluchte Naziansicht vertreten hatte, war in banger Erwartung, wann man ihn verhaften würde. Erstaunlich schnell haben aber auch viele ihre Ansicht geändert; wer gestern noch an einen baldigen Sieg und an Verteidigung bis zum Letzten geglaubt hatte, der hielt es heute schon für ratsam, sich mit den Besatzern gut zu stellen und jedem klarzumachen, daß er ja eigentlich gar kein Nazi gewesen sei und schon lange gewußt habe, daß ein deutscher Sieg aussichtslos sei.

Ende April wurden alle Männer im Dorf zusammengerufen, und man verlangte die Papiere. Ehe ich recht verstanden hatte, was man wollte, kam Wilhelm schon wieder zurück mit der frohen Nachricht, daß er nur Zivilperson sei. Er hatte seine lange Gefangenschaft bei den Nazis nachweisen können und war somit nicht als Gefangener mitgenommen worden.[11] Durch dieses war er mir erst ganz geschenkt, und das Soldatsein, wofür wir beide ja keinen rechten Sinn hatten, fand damit seinen endgültigen Abschluß. Der Krieg aber war noch immer nicht zu Ende.

Um Berlin tobten in jenen Tagen erbitterte Schlachten. Anfang Mai munkelte man von Hitlers Tod, am 8. Mai verkündete das Radio das Ende aller Kampfhandlungen.

Inzwischen war auch in unserer Gegend die SS beseitigt, die noch lange in den Wäldern herum wirkte. Wir hatten unseren Luftschutzkeller ausgeräumt, und nachdem der Kampf um das Industriegebiet beendet war, zog sich der Strom evakuierter Menschen zurück

---

11 Die Zeit der Gefangenschaft ist dokumentiert: Wilhelm von Westphalen: In diesem Käfig sitzen wir zu fünft. Briefe aus dem Wehrmachtgefängnis Fort Zinna/Torgau an die Verlobte Aloysia von Spiegel. Norderstedt 2023.

in die Städte. Wir sollten aber noch einmal das Haus räumen für Russen, dieser Kelch ging ebenfalls an uns vorüber, und die plündernden Soldaten, die in manchen Gegenden verheerend wirkten, verschonten uns. Zwar blieben sie lange Zeit auch für uns eine große Gefahr, und manches Mal hatten wir in die Nacht gehorcht, ob nicht irgendetwas im Schutz der Nacht geschah. Die Angst, was kommen könnte, war immer größer als das, was wirklich geschah. Auch waren alle Beschreibungen und Erzählungen meist weit übertrieben, wie immer in einer Zeit, wo die Gemüter erregt und die Phantasie gesteigert sind. Wenn wirklich ein Bauernhof ausgeraubt und ein Mensch erschossen wurde, so geschah nur das, was man jahrelang vorausgesehen hatte. Und es war noch ein mildes Gericht, wenn man bedachte, wie vielen Menschen die Naziherrschaft das Leben gekostet hat.

1945-1972 - *Die Gipsmühle in Helmern*

Am 11.1.1945 heiratete ich Wilhelm Westphalen in Helmern. Als sich im Juni des Jahres 1945 der erste Sturm gelegt hatte und wir wieder zu uns selber kamen, begann auch ganz von selber das Planen und

Denken an die Zukunft. Wilhelms Gedanke war es, die alte Gipsmühle auszubauen. Ich machte mich langsam mit dem Gedanken vertraut, erfaßte es nur ganz allmählich, doch bald kreiste unser Sinnen und Denken um das alte Gemäuer, was nun Heimat und Zukunft werden sollte - zumindest vorübergehend, wie wir damals glaubten.

Die Gipsmühle auszubauen, war kein verlockender Gedanke. Sie war ein alter und nasser Stall, in dem die Batterien standen, um den Hof mit Strom zu beliefern, Türen und Fenster gab es nicht, ebensowenig wie Wasser und Strom; nur kalte und salpeterfeuchte Bruchsteinwände. Für meinen Vater war es kein schöner Gedanke, seine Tochter in diesem "Rattenloch" zu wissen. Aber wir versicherten ihm, daß er sich keine Sorgen zu machen brauche, er sollte uns nur den alten Bau und etwas Land geben; er willigte mit der Bemerkung ein: „Wenn ihr Pannwitz wiederbekommt - und das wird sicher kommen -, dann müßt ihr die Gipsmühle zurückgeben".

Der Zeit gemäß ging alles langsam; um jeden Baustein und jede Schaufel Sand mußte gekämpft werden. Aber das war uns einerlei - es war Aufbau; es war Zukunft, die gestaltet wurde, und wenn auch das Jahr 1945 noch nicht die Lösung unseres eigenen Heims brachte, so war doch ein festes Fundament gelegt. Da wir uns alles zusammensuchen mußten, was zu einem eigenen Haushalt gehörte, und dies in einer Zeit, in der man in Wirklichkeit nicht das Geringste kaufen konnte, so war es eine unbeschreibliche Mühe. Die Arbeit lag hauptsächlich in Wilhelms Hand, und er löste die Probleme mit viel Geschick und Ausdauer.

Ich hatte wieder zu meinen Pinseln gegriffen, die so lange untätig geruht hatten. Die Arbeit machte mir große Freude.

Mehr denn je hofften wir auf eine glückliche Zukunft, da noch am Ende des Jahres 1945 unser Junge Raban geboren wurde. Sein Dasein gab unserem Leben erst den rechten Sinn und meinem Frauendasein den rechten Inhalt. Wo man am Liebsten fühlt, weiß man nicht viel zu sagen. Dieser Ausspruch gilt auch hier, und darum hat es keinen Sinn zu sagen, was gerade mir das Jahr 1945 so wertvoll und einmalig machte. Trotz der äußeren Stürme war es bis jetzt das glücklichste meines Lebens und mir ist, als sei alles Vorhergehende nur Vorbereitung auf dieses eigentliche Leben gewesen - einfach Frau und Mutter zu sein. Und wenn ich oft dachte, die Kunst könnte mir alles ersetzen, so möchte ich heute sagen: auch für die Kunst ist es nötig, daß menschliches Erlebnis seine letzte Erfüllung erfährt.

Das Bächlein rauscht an unserem Häuschen vorbei, wir hören sein Geplätscher und achten nicht auf den - großen Strom der Ereignisse, der weit ab von unserem stillen Tal dahin braust. Sein Lied ist nach wie vor unheilvoll. Es ist gut, wenn man nicht hört, was geschieht. Wir können es nicht ändern. Gibt es wieder Krieg, gehen die Russen westlich oder östlich, werden die großen Besitze aufgeteilt? Diese Fragen sind noch ungeklärt und warten auf eine Lösung. Jede dieser Fragen kann ein großer Eingriff auch in unser Leben sein. Aber wir lassen uns von dem Gedanken an die Zukunft nicht erdrücken. Unser Lebensschiffchen ist durch so viele Stürme und Gefahren in diesem kleinen Hafen gelandet, und ich bin sicher, daß uns auch weiter ein guter Stern den Weg weisen wird.

1946

Und wenn ich nun das Jahr 1946 in dieses Büchlein

eintrage, so gibt es viel weniger zu berichten, als in den vorhergehenden Jahren. Der Junge war der Mittelpunkt unseres Lebens geworden, und sein Lachen und Weinen, seine ersten Laute und sein süßer Schlaf waren die Melodie, die mitklang in jeder Stunde unseres arbeitsamen Lebens.

Der Wunsch nach einem eigenen Heim war bei uns so groß und stark, daß uns kein Opfer zu schwer war, dieses Ziel zu erreichen. Es würde viel zu weit führen, wollte ich die vielen Einzelheiten aufzählen. Aber man darf nie vergessen, daß wir die alte Mühle ausbauten in einer Zeit, in der es in Deutschland nichts gab. Alles mußte ertauscht werden, alles bekam man nur, wenn man gute Freunde hatte. Immer wieder beschäftigten uns unsere Probleme. Und ich habe noch genau in Erinnerung, als wir anfingen, Tannendielen in unser Wohnzimmer zu legen; wir hatten keinen Teppich, um die Böden zu belegen. Da kam wie aus heiterem Himmel Hilfe: Meine Bilder ließen sich gut verkaufen, so daß wir uns Teppiche in die Räume legen konnten, die den Boden fast ganz bedeckten. Was erst hoffnungslos aussah, löste sich zu unserem Glück, und als wir am 1.8.1946 Einzug hielten, da wollte der Jubel kein Ende nehmen.

Als erster schrieb Vater in unser Gästebuch: "Mit Gott und mit Ehren. Wenn Ihr immer nach unserem Spiegel'schen Wappenspruch handelt, so werdet Ihr viel Freude haben". Schön waren der Morgen, der Mittag und der Abend, schön war jede Stunde, die erfüllt war mit dem Glück des Beisammenseins. Trennten wir uns von unserem Häuschen, so nur um in Düsseldorf oder München irgendwas zu erstehen, was das Heim noch verschönern sollte, und voller Freude kehrten wir wieder zurück. Besuche kamen und gingen, und der äußere Rahmen unseres Lebens wurde immer günstiger und verstärkte die Gemütlichkeit und den Zauber einer Welt, die man sich selber geschaffen hat in einer Zeit, die so schwierig war wie die unsere. Und unsere Kinder sollen einstmals diese Zeilen lesen und daraus lernen, daß zum Leben viel, viel Mut gehört.

Am 15. Juli 1946 wurde das alte Dach abgerissen und ein Geschoß aufgesetzt. Es dauerte bis Ende September, bis das neue Dach darauf war. Zum Glück gab es keinen Regen, sonst wäre die Wohnung wieder zerstört worden. Ende Juli feierten wir Richtfest, aber erst Mitte November konnte unser Junge Raban aus dem großen Haus übersiedeln. Er war jetzt beinahe ein Jahr alt. Wie groß war die Freude, als der Junge endlich im Haus war und mit seinem Weinen und Lachen die kleinen Räume erfüllte!

Mit diesen Umbau erhielt ich einen Arbeitsraum, und niemand kann beschreiben, was es für ein herrliches Gefühl ist, wenn man endlich seine Welt um sich versammelt hat. Neue Schaffensfreude erfüllte mich.

Im Juni/Juli 1948 verdichteten sich die Gerüchte über die Währungsreform. Mit fieberhaften Eifer wurden nun alle Rechnungen bezahlt, Bilder zu Ausstellungen geschickt, die auch noch reißend gekauft wurden. Als ich am 15.6. nach Hannover fuhr, war die Lage bereits so, daß kein Geschäft mehr verkaufen wollte. Am 18.6., abends 20.00 Uhr wurde die Währungsreform verkündet, der Augenblick war eine Umwertung aller geldlichen Werte: Die Guthaben schrumpften auf 10% zusammen, jeder bekam 40,- DM, und damit war für uns mit einem Schlage die Hast vorbei, die unser Leben in den letzten Monaten erfüllt hatte. Wir waren glücklich, soweit alles gekauft zu haben, was wir brauchten und freuten uns auf eine Zeit der Ruhe und Besinnung.

Reisen war viel zu teuer, so blieben wir zu Hause. Ich freute mich auf die Zeit, mit meiner Kunst leben zu können ohne Hast, und in der ich endlich zu dem durchstoßen würde, was mich wirklich erfüllte.

Die folgenden Jahre galten dem ständigen Ausbau der Gipsmühle: 1950 wurden Nebengebäude und das Tor angelegt; im selben Jahr wurde im August zu unserem großen Glück der zweite Sohn - Benedikt - geboren. 1952/53 entstand ein Atelier für mich, 1961 wurde das Haus zur Rückseite hin geöffnet und erweitert, das Untergeschoß modernisiert, der Garten neu gestaltet. 1967 wurde ein Schwimmbad angelegt und das Haus 1970 an die neue Ölheizung angeschlossen und vieles, vieles mehr. Dreimal zerstörte Hochwasser Hof und Garten, bis das alte Turbinenrad abgerissen wurde, so daß das Wasser uns nicht mehr gefährlich wurde.

Mit Sorge erfüllt mich heute - 1972 -, daß die Rechtsverhältnisse der Gipsmühle für die Zukunft unsicher sind. Trotz aller Bemühungen hat man uns den Grund, auf dem die Gipsmühle steht, nie verkauft. Nur ich selbst habe einen Nießbrauch, der mit meinem Tode erlischt und sich nicht auf die Kinder überträgt. Aus der Zeit heraus muß aber gesagt sein, daß, wenn es nicht von Anfang an so ausgesehen hätte, als wäre dies bis zu unserem Einzug nutzlose Fleckchen Erde unser Eigentum, dann wäre es von uns unverantwortlich gewesen, dort so festen Fuß zu fassen. Es wäre aber ebenso unverantwortlich von Vater und den nachfolgenden Eigentümern gewesen zuzusehen, wie wir unsere Kraft und unser gesamtes Vermögen in einen Bau stecken, den man uns und unseren Jungen nicht in Zukunft lassen wollte.

So schließe ich meinen Bericht im Frühjahr 1972. Ich möchte mich nicht weiter damit befassen, was einmal mit der Gipsmühle wird. Die Jungen, Raban und Benedikt, sind selbst weit genug, sie sind auch unbeschwert von der Vergangenheit, sie werden den richtigen Weg finden. Sie wissen, daß auf jedem Meter Boden der Schweiß ihres Vaters ruht, sie wissen, daß es unser halbes Leben gebraucht hat, unter diesen Umständen die Gipsmühle zu gestalten. Sie wissen auch, daß wir in der Gipsmühle so glücklich waren, wie vielleicht wenige Menschen auf dieser Erde. Und wenn einmal das letzte Halt geblasen wird für einen von uns, so soll uns heimatliche Erde bedecken.

Helmern, im Februar 1972

Aloysia Gräfin von Westphalen zu Fürstenberg

Am 8. Januar 1982 starb Wilhelm Graf von Westphalen in der Gipsmühle. Elf Jahre später, am 16. Januar 1993 - verstarb Aloysia Gräfin von Westphalen. Beide sind auf dem Dorffriedhof in Helmern beigesetzt.
Acht Tage nach ihrem Tod erhielten wir von der Cousine Adelheid von Spiegel die ultimative Aufforderung, die Gipsmühle nach 50 Jahren innerhalb einer Woche zu räumen und besenrein zu hinterlassen.

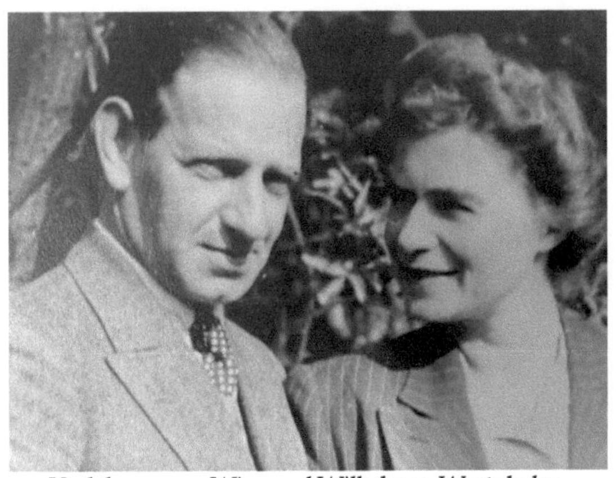

Verlobung von Wisa und Wilhelm v. Westphalen
im März 1944 in Pannwitz

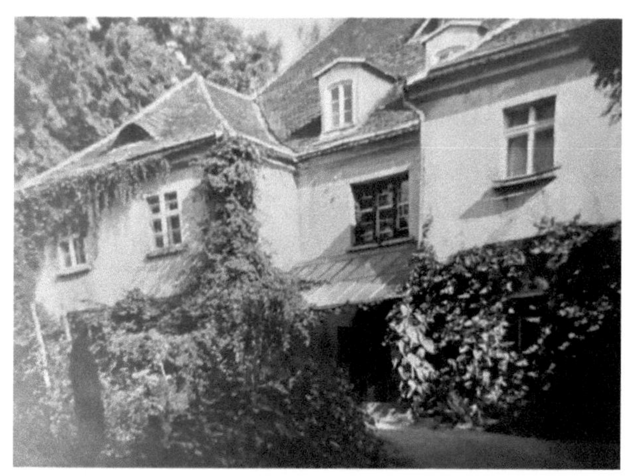

Gut Pannwitz bei Breslau 1939,
von der Roten Armee 1945 zerstört

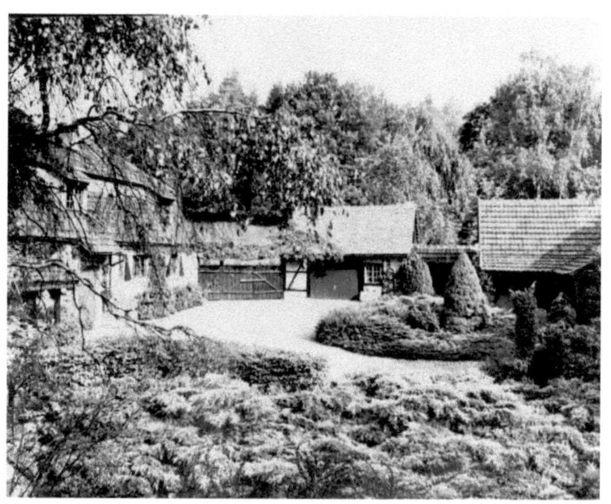

Gipsmühle ca. 1980

II. WERK

Versuch eines Selbstportraits (1985):

Wisa von Westphalen

Dem großen englischen Landschaftsmaler John Constable (1776-1837) wird das Wort zugeschrieben, daß Malen nur ein anderes Wort für Fühlen sei. Es kommt mir nicht in den Sinn, mich in die Tradition dieses bedeutenden Künstlers stellen zu wollen, aber dieses Verständnis vom Wesen der Malerei als den Versuch, die sichtbare, uns umgebende Natur über das Gefühl mit den Mitteln der Malerei zu erschließen, kann ich für mich übernehmen. Constables direkten und unmittelbaren Landschaftsstudien, in denen sich für mich bereits alle Elemente des kommenden Impressionismus versammeln, haben mich seither angezogen. Und ich kann es ihm nachempfinden, wenn er von sich sagt, dass seine englische Heimat ihn zum Maler gemacht habe. Die Landschaft Ostwestfalens, die Landschaft meiner Heimat, in der ich mit Ausnahme meiner Münchner Studienjahre von 1934 bis 1943 immer gelebt habe, hat in meinem Selbstverständnis einen wesentlichen Einfluß auf mein Bemühen ausgeübt, der Natur malerisch Ausdruck zu geben.

Aus neuzeitlicher Distanz betrachtet, erscheint es mir heute nicht zufällig, daß ich mich in den ersten Jahren meines Studiums der Schule des Ungarn Peter Kàlmàn zuwandte. Sein im besten Sinne altmeisterliches handwerkliches Vermögen und vor allem seine Art, die Portraits farblich eigenwillig, kraftvoll und großzügig anzulegen, haben mir bis heute als Leitidee meines Arbeitens vor Augen gestanden.

Es ist richtig, wenn man sagt, daß die Maler aller Zeiten hindurch vor folgenden vier Hauptproblemen gestanden haben: der Farbe, des Raumes, der Verdeutlichung seelischer Zustände und dem der Handlung. Darauf bezogen ist meine Malerei zunächst am Problem der malerischen Umsetzung der Erscheinungen unserer Welt mittels der Farbe orientiert. Das verbindet mich wahrscheinlich mit meinem Lehrer Kàlmàn, wobei mir selbst dieser Zusammenhang erst durch einen Vortrag des Bielefelder Publizisten Hannes Peukert anläßlich einer Ausstellung meiner Bilder in Bad Salzuflen 1967 deutlich wurde. H. Peukert, ein kenntnisreicher Beobachter der zeitgenössischen Malerei, führte seinerzeit aus: »Es ist die traditionelle Münchener Schule, die allenthalben erkennbar ist. Das bedeutet nicht das Festhalten am Antiquierten, wohl aber bedeutet es Gediegenheit, handwerkliches Können und die Beherrschung des Gegenstandes. Und noch etwas anderes: Immer werden Sie bei diesen Ölgemälden die Liebe zu Licht und Farbe erkennen, die kennzeichnend für das gesamte Schaffen der Künstlerin ist. Das zeigt sich besonders bei den Stilleben. Die Farbe ist es, immer wieder die Farbe, die eine betont starke Funktion zu erfüllen hat. Trotzdem wird das Dekorative niemals Selbstzweck. Sind die Landschaften der Künstlerin als Impressionen anzusprechen, so sind ihre Portraits expressiv, lebhaft bis stark im Ausdruck, hinter die Gesichtszüge des Dargestellten leuchtend, etwas vom inneren Wesen freilegend. Wenn man so will, kann man diese Arbeiten als Ausdruck des liberalen Zeitalters bezeichnen, in dem jedes Pendel auch zur anderen Seite ausschlagen darf. Die Arbeiten suchen immer erneut nach einer Synthese von Abbild und Sinnbild in den Erscheinungsformen der optisch sichtbaren Welt.«

Ich kann diese Beurteilung - ziehe ich einmal ihren

wohlwollenden Charakter ab - teilen und fühle mich an einen bekannten Ausspruch des zeitweilig in Paris und München lebenden Malers Wilhelm Leibl, aus dessen Schultradition Peter Kàlmàn stammt, erinnert, der ständig wiederholte, daß man den Menschen so malen solle, wie er sich darstelle: Die Seele sei dann ohnehin im Bild vertreten. Diese Auffassung meinte für mich auch, daß man sich dem Objekt seiner Malerei möglichst direkt und damit unmittelbar zuwenden müßte, um das ihm Eigentümliche, seine Eigenart herauszuarbeiten.

Vor allem meine Interpretationen von Blumen- und Landschaftsmotiven versuchen dieser Absicht über die Farbe Rechnung zu tragen. Sehr einfühlsam brachte diese Intention ein Beitrag aus der Westfalen-Zeitung in Bielefeld zum Ausdruck, als sie schrieb: »Die Übersetzung der Natur in eine persönliche und künstlerische Form vollzieht die Künstlerin niemals durch Anwendung stilisierter oder theoretisch erarbeiteter Prinzipien: Vielmehr stehen ihr die rein handwerklichen Mittel als Instrumente so gut zur Verfügung, um durch sie allein das jeweils Wesentliche angemessen auszusagen. In der Folge könnte der später weniger psychologisierende Kokoschka aus Salzburg ihr eigenes künstlerisches Wollen bestärkt haben. Der Reiz der Bilder liegt in ihrem virtuosen Vortrag. In leicht und duftig hingetuschten Aquarelltönen macht die Künstlerin den Zauber der Blütenwelt sichtbar. Oft steigert sich die vibrierende Farbigkeit expressiv und weist auf eine exotische Phantastik dieser Welt hin. Farbströme von irisierender Schönheit machen etwas vom Geheimnis sichtbar, das hinter dieser äußeren Verschwendung der Natur verborgen ist. «

Die Kritik an dieser Form und Auffassung von naturhafter Interpretation mittels der Farbe liegt nahe, und ich habe mich, - seitdem ich mich mit meinen Arbeiten der Öffentlichkeit stelle, - damit auseinandergesetzt. Im Kern liefen die kritischen Äußerungen darauf hinaus, daß meine Malerei zu eindeutig auf das Dekorative, das konventionell Schöne abstelle und ihr ein gesellschaftlicher - und das meinte auch: politischer - Bezug fehle. Wir kennen diese Kritik in Form der oft zitierten Aussage, wonach Kunst nach den großen Katastrophen dieses Jahrhunderts politisch sein muß, oder sie ist nicht Kunst.

Bevor ich begründen möchte, warum ich diese Kri-

tik - anders als vielleicht jede andere - nicht teilen
kann, möchte ich an die künstlerischen Richtungen erinnern, die während meiner Ausbildung, also bis Anfang der 1940er Jahre zeitbestimmend waren. Die Kon-
struktivisten teilten die Auffassung, daß die Kunst so-
zial engagiert sein müsse und sich am Wiederaufbau
nach dem ersten Weltkrieg zu beteiligen habe. Die Sur-
realisten dagegen wandten sich ganz der Beobachtung
der inneren Antriebskräfte künstlerischen Schaffens zu
und damit ab von der gesellschaftlichen Realität.
Letztlich ließ der Dadaismus weder die Gesellschaft
noch die Kunst selbst gelten und verneinte beides. Keine dieser Auffassungen habe ich im Laufe meiner Entwicklung gänzlich teilen können. Ich glaube aber dahingehend geprägt zu sein, daß ich überhaupt keine
Stilrichtung oder malerische Interpretation außerhalb
des künstlerischen Selbstverständnisses als ausschließlich und allein maßgeblich anzuerkennen bereit bin.

Berechtigung hat jede Kunst nur durch den Anspruch des Künstlers selbst. Eben das erwarte ich auch
für meinen Versuch, Ausschnitte der erfahrbaren Welt
zu erschließen, ohne daß diese der sprachlichen Interpretation bedürfen. Es ist ein wesentlicher Bestandteil

meines Begriffs von Kunst, daß diese parteilich zu sein hat, Partei ergreifen muß für das Schöne und gegen seine Zerstörung. Inbegriff des Schönen ist für mich die Natur als landschaftlicher Raum, darunter vor allem natürliche Einsamkeiten wie Moore, Sümpfe, Flußlandschaften, Täler oder einzelne Bäume.

Kunst kann versuchen, die Ursachen für die Zerstörung unserer natürlichen Lebensräume durch die gleichmacherischen Ansprüche der technischen Zivilisation freizulegen. Als Künstler kann ich mich allerdings auch mit derselben Absicht hinter das Erhaltenswerte stellen, es bildhaft zu machen versuchen, um es als ein zu schützendes Gut ins öffentliche Bewußtsein zu heben. Das macht den Anspruch meines künstlerischen Tuns aus, und dieser Absicht galten vor allem meine Ausstellungsaktivitäten seit Beginn der 1960er Jahre. Ausgehend von mehreren Kollektivausstellungen im Haus der Deutschen Kunst in München, dessen ehemaliger Präsident, der Maler C. O. Müller, ebenfalls ein Lehrer von mir gewesen ist, veranstaltete ich mit Galerien zusammen oder vielfach auch selbst als Veranstalter Ausstellungen im ganzen Bundesgebiet und vereinzelt auch im Ausland.

Für mich war und ist es interessant, daß meine Reisestudien, die ich im Vorderen Orient, in Afrika, dem mediterranen Raum oder in Nordeuropa gemacht habe, die Aufmerksamkeit der Besucher besonders erregten. Offenbar zieht die bildhafte Darstellung eigener Erlebnisse oder Eindrücke den Betrachter an und teilt ihm das mit, was er vielleicht ähnlich oder gleich gesehen und empfunden hat.

Ich habe nie den Gedanken vertreten, daß ein künstlerisches Produkt eine privilegierte Ware sei. Es ist in meinem Verständnis ein Gegenstand der Praxis. Eher möchte ich für meine Arbeit einen erzieherischen Wert beanspruchen: Malerei in meinem Verständnis soll zum Betrachten veranlassen, um über dieses hinausgreifend zu den Wesensmerkmalen der Dinge vorzudringen. Wenn ich dazu Veranlassung durch meine Bilder gegeben habe, dann ist und war meine Bemühung, der Natur mit den Mitteln der Malerei Ausdruck zu geben, nicht ohne Lohn.

Erläuterungen zu den Lehrern

Kálmán, Peter, ungarischer Maler in München, geboren 23.2.1877 Zsablya, gestorben am 13.4.1948 Nußdorf/I., lebte ab 1904 in München und Nußdorf/Inn. Schüler von Bertalan Székely in Budapest, seit 1904 bei Anton Azbè, Ludwig von Löfftz, Alexander von Wagner und vor allem Franz von Stuck in München, wo er sich nach vorübergehendem Aufenthalt in Rom und Florenz niederließ.

1914/18 als Kriegsmaler der österreichisch-ungarischen Armee tätig, bereiste die Kriegsschauplätze in Rußland, der Türkei und Kleinasien (Bilder im Wiener Kriegsmuseum). Malte in treffsicherer Manier Figuren in Interieurs und Portraits (vor dunklem Hintergrund); seine Farbenskala ist im allgemeinen gedämpft, zurückhaltend; unverkennbar eine Verbindung mit den Hauptmeistern der älteren Münchner Schule, namentlich mit Wilhelm Leibl.

"Es ist nicht leicht, Kálmáns letzte Werke unter irgendeinen der landläufigen Begriffe einzureihen, mit denen die Ästhetik zu operieren gewohnt ist ... Am leichtesten läßt sich seine Malerei als Fortsetzung jener guten Münchner

Tradition und Schule um 1880 bezeichnen, als eine An-
knüpfung an alle jene Namen, von Leibl, Diez und all den
anderen , die so stolzen Klang in der Kunst des 19. Jahrhun-
dert besitzen …

Das Thematische tritt in den Bildern fast ganz zurück;
alles was nach Literatur und Anekdote, nach Geschehnissen
oder Handlung schmeckt, ist sorgsam ausgeschieden".
(Willy Burger: Peter Kálmán. München 1923, S. 176 ff.)

In der von Wisa v. Westphalen in ihren Lebenserin-
nerungen erwähnten Kálmán-Hütte wie in der Kirche
des Ortes sind Arbeiten von Peter Kálmán zu besichti-
gen.

Literaturauswahl: Susanne Böller: Peter Kálmán. In:
Althaus, Karin u.a. (Hg.): Kunst und Leben. 1918 bis
1955. Lehnbachhaus München. Berlin 2022, S. 156ff.

Schrader-Velgen, Carl-Hans Georg, geboren am
8.3.1876 in Hannover, gestorben am 21.1.1945 in War-
tenberg/Bayern war Schüler von Paul Höcker und
Ludwig von Herterich - beide lehrten an der Münchner Akademie der 1920er Jahre.

Schrader-Velgen stellte jährlich im Münchner Glas-
palast aus und begann nach 1925 eine eigene Mal-

schule zu bilden, deren Mitglieder - wie Wisa Westphalen - sich im Sommer in Wartenberg versammelt-
en.

*"In ganz anderem Grade als bei den Expressionisten ist
bei ihm die Bildsinnlichkeit, die Wohligkeit des Ausdrucks
und der Reiz der Stimmung lebendig, und seine Stilleben
sind in einem höheren, vielleicht im höchsten Sinne dekora-
tiv ... Schrader-Velgens Bilder, von denen sich private und
öffentliche Sammlungen, voran die Neue Pinakothek in
München, ausgezeichnete Proben zu sichern wußten, (wir-
ken) nicht durch die peinliche Reproduktion ihrer Stofflichk-
eit, sondern durch das ästhetisch reinlichere Mittel absolu-
ter Malerei".* (Die Kunst, 34. Jg., 1919, S. 265 ff.).

Nach der Zerstörung seines Münchner Ateliers im
Krieg siedelte Schrader-Velgen gänzlich nach Warten-
berg über. (vgl. Thieme/Becker, Bd. 3, 1936; A. Dreier:
Wartenberg und die Wittelsbacher. Wartenberg 1980,
S. 176 ff.).

Müller, Carl Otto, geboren am 28.10.1901 in Coburg,
gestorben am 28.12.1970 in München; Schüler von Ro-
bert Engels und Karl Caspar in München. Alljährliche
Sommeraufenthalte im Kreis seiner Malschule "Kame-

radschaft der Künstler" in Kipfenberg, an welchen auch Wisa Westphalen teilnahm. Nach 1953 wurde C. O. Müller wiederholt Präsident der Ausstellungsleitung im Hause der Kunst, München. Er war Träger hoher in- und ausländischer Auszeichnungen.

C.O. Müllers Orientierung an den großen französischen Malern des 19. Jahrhunderts *"weist ihn und seine Kunst scheinbar eher als konservativ aus, was auch insofern zutreffend ist, als er 'gute Malerei' als unabdingbare Voraussetzung für 'gute Kunst' ansah ... Indessen war ihm Handwerk nie Wert an sich, vielmehr ging es ihm wie dem von ihm hochverehrten Cezanne stets um künstlerische Realisation geschauter Natur"*. (W. Rüdiger: Der Maler C. O. Müller. Ingolstadt 1975).

In der ehemaligen fürstbischöflichen Residenz in Eichstätt ist ein Gedenksaal C. O. Müller gewidmet. Dort sind ca. 50 Arbeiten ausgestellt, die seine Witwe, Ilse Müller-Berken, zur Verfügung gestellt hat.

Literatur: Peter Leuschner: Der C. O. Müller des Altmühltals. In: Das Jura-Haus Bd. 7 (2001/2002), S. 26ff.

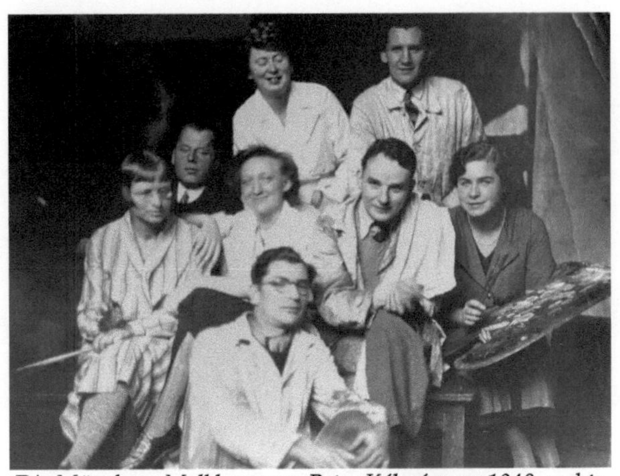

Die Münchner Malklasse von Peter Kálmán, ca. 1940, rechts außen Wisa v. Westphalen, dahinter Adolf Schwarzbeck

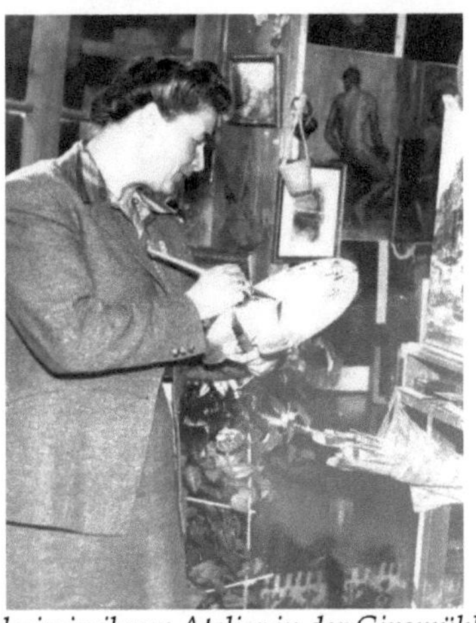

Die Malerin in ihrem Atelier in der Gipsmühle 1972

121

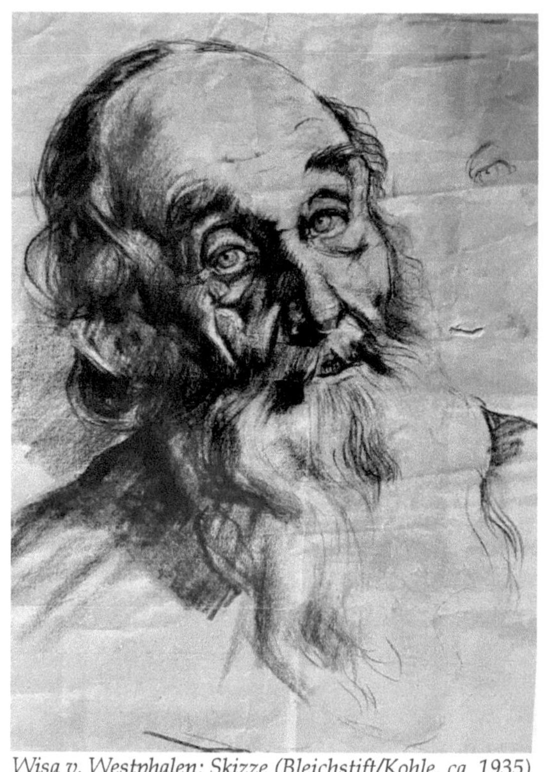

Wisa v. Westphalen: Skizze (Bleichstift/Kohle, ca. 1935)

Anmerkungen zu *Wisa von Westphalen*

von Tasso Minkner [12]

Wie sehr Wisa von Westphalen der Landschaftsmalerei verbunden ist, wie sehr in ihr im schönsten Sinn Tradition fortlebt und auf ihre Weise verinnerlicht ausgebreitet und vertieft wird, das hat v. Westphalen selbst in ihrem vorstehend abgedruckten „Versuch eines Selbstportraits" angesprochen. Constables Landschaftsstudien mit ihren „Elementen des kommenden Impressionismus" haben sie „angezogen". Zugleich hat sie diese Stilrichtung weiterentwickelt, indem sie die vom Expressionismus geschaffenen Möglichkeiten eingesetzt hat. Dies gilt auch für ihre Bemühungen bei der Darstellung des Menschen. Sie lernte bei ihrem Lehrer Peter Kálmán die „altmeisterliche handwerkliche Technik", Portraits zu malen, die sie übrigens auch in ihren älteren Stilleben angewandt hat. Gleichzeitig aber wurden ihre Portraits kraftvoll und großzügig,

---

12 Aus: Minkner, Tasso: Landschaft in der Kunst". In: Wisa von Westphalen: „Wie schön müßte es sein zu malen". Zum 90. Geburtstag. Großbodungen 1993. Tasso Minkner (1940-2021) war Lehrer in Wolfhagen und Fritzlar und engagierte sich als Künstler und Schriftsteller. Er lebte in Naumburg.

die erlernte Technik wurde relativiert, sodass Bilder entstanden, die mich ein wenig an Paula Modersohn-Becker erinnern. Sie hat je nach Gegenstand und eigener Stimmung Impressionen geschaffen, zugleich aber auch expressive, lebhafte, kräftige Darstellungen, allerdings ohne gewalttätig wirkende Bedeutungsschwere. Wisa hatte das Ziel, wie sie selbst formulierte, „dem Objekt sich möglichst direkt und damit unmittelbar zuzuwenden, um das ihm Eigentümliche, seine Eigenart herauszuarbeiten". Aber Wisa weiß auch, dass damit nur eine Seite ihrer Malerei erfasst ist – sie malt ja nicht, um das Gegenüber fotographisch getreu zu erfassen, sondern um das eigene Empfinden und Fühlen dazustellen.

Von Westphalen schrieb: „Vor allem meine Interpretation von Blumen- und Landschaftsmotiven trug dem Rechnung". Sie fühlt sich verstanden, wenn sie folgenden Satz (u.a.) zitiert: „Der Reiz der Bilder liegt in ihrem virtuosen Vortrag. In leicht und duftig hingetuschten Aquarelltönen macht die Künstlerin den Zauber der Blütenwelt sichtbar. Oft steigert sich die vibrierende Farbigkeit expressiv und weist auf eine exotische Phantastik dieser Welt hin. Farbströme von irisierender Schönheit machen etwas vom Geheimnis sichtbar, das hinter dieser äußeren Verschwendung der Natur verborgen ist".

Die Arbeiten v. Westphalens zeigen Naturnähe – wobei dies schon nicht mehr ganz stimmt – denn sie schafft es, die Blüten zum Leuchten zu bringen vor einem mehr flächigen Hintergrund. Ihr Ausschnitt realisiert eine vielleicht an chinesischer Malerei orientierte Meisterschaft in der Raumaufteilung, die in der Regel asymmetrisch ist – man könnte auch impressionistische Elemente in der Gestaltung entdecken, so in der Lichtführung.

Blüte und Baum, bäuerliches Anwesen und Moorlandschaft, Wald und das von einer Anhöhe überschaute Tal sind in ihrer charakteristischen Besonderheit erfasst, wobei die Künstlerin insbesondere ihre Beziehung zu der Formensprache des Expressionismus nicht verleugnet, ohne jedoch die Wucht und Schwere zu zeigen, sondern verstärkt eine lockere Leichtigkeit, Anmut – das Schöne, das ganz einfach wahr ist – in Verbindung mit Zurückhaltung und Bescheidenheit.

Und diese Eigenart zeigt sich auch, indem v. Westphalen ihre Kunst einzuordnen versucht:

„Ich glaube dahingehend geprägt zu sein, dass ich überhaupt keine Stilrichtung oder malerische Interpretation außerhalb des künstlerischen Selbstverständnisses als ausschließlich und allein maßgeblich anzuerkennen bereit bin". Sie will die Freiheit haben – und sie hat sie sich genommen - , vor Ort am Objekt zu entscheiden, welche Technik und welche Pinselführung sie für angemessen hält. Sie dabei „Ausschnitte der erfahrbaren Welt erschließen, ohne dass diese der sprachlichen Interpretation bedürfen", ohne deshalb so weit zu gehen, interpretierendes Denken abzulehnen. Positiv formuliert: „Es ist ein wesentlicher Bestandteil meines Begriffs von Kunst, dass diese parteilich zu sein hat, Partei ergreifen muss für das Schöne und gegen seine Zerstörung. Inbegriff des Schönen ist für mich die Natur als landschaftlicher Raum, darunter vor allem natürliche Einsamkeiten wie Moore, Sümpfe, Flusslandschaften, Täler oder einzelne Bäume. Als Künstler kann ich mich hinter das Erhaltenswerte stellen, es bildlich zu machen versuchen, um es als ein zu schützendes Gut ins öffentliche Bewusstsein zu heben. Das macht den Anspruch meines künstlerischen Tuns aus. Malerei in meinem Verständnis soll

zum Betrachten veranlassen, um über dieses hinausgreifend zu den Wesensmerkmalen der Dinge vorzudringen".

Es ist zweifellos richtig, wenn auf den Vorwurf,
Wisa v. Westphalen habe „kein theoretisches Konzept"
bzw. sie sei „rückwärtsgewandt" geantwortet wird:
„Diese Kritik war blanke Denunziation. Wisa von
Westphalen hatte keineswegs ´kein theoretisches Kon-
zept`, sie folgte freilich nicht dem zu jeder Zeit dreke-
tierten", und: „Nur die Vorausschauenden erkannten
die neuen alten Wege".

Es war zwar aus der Zeit heraus berechtigt, als Bert
Brecht 1933 formuliert hat: „Was sind das für Zeiten,
wo ein Gespräch über Bäume fast ein Verbrechen" ist;
aber dieser Ausspruch deutet zugleich an, dass es eigentlich erstrebenswert ist, sich über Bäume zu unterhalten. Auch Friedrich Dürrenmatt dachte ähnlich. Sie,
die Menschheit, die mit einer Autofahrerin verglichen
wird, liebt es, „wenn man die Schönheit der Landschaft preist, ... das Silber eines Flusses und das Glü-
hen der Gletscher in der Ferne. Diese Geschichten zu
flüstern und die schöne Landschaft zu preisen, ist einem heutigen Schriftsteller jedoch oft nicht mehr so

recht mit gutem Gewissen möglich... Die Angst, die Sorge und vor allem der Zorn reißen seinen Mund auf". Dass es sich hierbei um zeitbedingte Positionen handelt, ist längst erkannt, die Bedrohung der Natur ist zumindest in Westeuropa ins allgemeine Bewusstsein vorgedrungen, so dass abwandelnd formuliert wird:

„Was sind das für Zeiten, wo ein Übersehen der Bäume und wo ein Schweigen zur missbrauchten ausgebeuteten Landschaft fast ein Verbrechen ist"? Oder als Parallelbeispiel: „Inzwischen ist es fast zu einem Verbrechen geworden, nicht über Bäume zu sprechen, ihre Wurzeln, den Wind, die Vögel, die sich in ihnen niederlassen". [13]

Vor diesem Hintergrund - einige Hinweise zur Malerei Wisa von Westphalens: Auch wenn v. Westphalen die intakte Natur zeigt: Die Natur in ihrer Schönheit und ihren zahlreichen Farbabstufungen – nie kommt sie auch nur andeutungsweise in die Nähe von Kitsch. Buntheit und Farbenfreude sind immer stim-

---

13 Bertolt Brecht: An die Nachgeborenen. In: Svendborger Gedichte. Kopenhagen 1939; Friedrich Dürrenmatt: Theaterprobleme. Zurück 1955; Walter-Helmut Fritz: Bäume. In: Schwierige Überfahrt. Hamburg 1976.

mig. Ihre Arbeiten leben aber nicht nur durch die Farbe – das Formale ist für sie immer von hoher Bedeutung. Hinzu kommt, dass ihre Naturausschnitte zwar wie zufällig gewählt erscheinen, aber ein genaueres Hinsehen verdeutlich, dass die Künstlerin gekonnt den entscheidenden Ausschnitt wählt und diesen zusätzlich kunstvoll weiterentwickelt und gestaltet.

Das Zufällige – aber in Form einer klaren Gestalt – so könnte man das Bild „Der Birkenweg zur Gipsmühle" (Abb. S. 133, Öl, 40x50cm, 1963) bezeichnen. Es zeigt einen Weg, der an der unteren Bildseite fast die gesamte Breite erfasst, sich aber schnell nach hinten verjüngt. Umrahmt, begrenzt wird der Weg auf beiden Seiten von den Birken. Raffiniert gestaltet die Künstlerin diesen einfachen Aufbau. Zunächst entwickelt sich eine asymmetrische Anordnung - die rechte Baumreihe ist mehr in einem Hintereinander dargestellt, die linke Baumreihe verwirklicht mehr das Nebeneinander, der Betrachter steht zwar in der Mitte des Weges, aber die Linienführung ist so gestaltet, dass er einen unterschiedlichen Blick auf die Baumreihen erhält – vielleicht weil der Endpunkt des Weges leicht versetzt in der rechten Hälfte des Bildes liegt. Während die vorderen Bäume beider Reihen in ihrer individuellen Vielfalt und ihrer vollen Größe erfasst sind, kann man die hinter ihnen stehenden nur ausschnittweise sehen, wobei die Bäume auf der linken Seite deutlicher hervortreten – eben aufgrund der unterschiedlichen Anordnung. Die lockere Aufteilung von Licht und Schatten in den bewegten Bäumen, die leuchtenden Herbstfarben – Gelb, Ocker, Braun, gelegentlich auch noch Grün – in Verbindung mit den weißen Stämmen, dem dunkelgrünen Wegrand und dem sandfarbenen Weg, auf dem sich ebenfalls Licht und Schatten spiegeln, das alles sorgt für eine ungewöhnliche Lebendigkeit.

Die durchdachte Raumaufteilung und Raumanordnung machen aus einem alltäglichen Gegenstand ein Juwel der besonderen Art; und für denjenigen, der sich hier auskennt: Links im Hintergrund hinter den dunkleren Bäumen, vor denen die weißlichen Birkenstämme aufleuchten, liegt in der Senke die Gipsmühle - v. Westphalens Zuhause.

Schließlich ein paar Hinweise zur Reiseskizze „Große Wäsche/ Latakia – Syrien" (Mischtechnik, 70x50cm, 1957, Abb. S. 134): Auf braunem Zeichenkarton könnte der Blick des Betrachters in eine Straße gelenkt werden, denn immerhin füllt sie den unteren Bildrand und führt in die Bildmitte. Tatsächlich aber wird der Blick wahrscheinlich zuerst angezogen von der zum Trocknen ausgelegten Wäsche auf der rechten Seite, wandert dann vielleicht zu der Personengruppe auf der linken Seite und tastet sich dann an den Häuserkonturen hin zum hoch aufsteigenden Minarett einer Moschee. Obwohl unterschiedliche Einzelheiten, und Szenen locker impressionistisch angedeutet sind, ist dieses Bild auf wunderbare Weise eine in sich geschlossene Einheit. Mit wenigen – aber eben gekonnt eingesetzten bunten Linien und Flächen wird eine bezaubernde, fast unwirkliche, fremdländische Stimmung eingefangen. Links vorne - vor einem einfachen Haus mit rötlichem Dach und gelber Wand – sind zwei sitzende Frauen dargestellt, ein Kind ist auch dabei, und eine dritte Person kommt von hinten hinzu. Ein Wäscheeimer steht vor ihnen. Die andere Straßenseite ist sozusagen von der Seite einsehbar, die Häuser sind nebeneinander angeordnet, und man ahnt u.a. eine Moschee mit einem Turm, der über alles hinausragt, man ahnt Dächer, deren Giebel weiß aufleuchten wie die Wäsche. Man sieht auch dunkle Fenster. Rechts im Vordergrund vor der Häuserreihe ist dann offenbar auf Steinen oder Sträuchern ausgebreitet die bunte Wäsche zu sehen – hellrot, hellgrün, blau, weißlich. Diese Buntheit ist aufgenommen von den Dachgiebeln und den angedeuteten Häuserkonturen, die die Verbindung zu der Szene auf der anderen Straßenseite herstellen, den Frauen mit dem Wäscheeimer. Eine ausgewogene, übersichtliche Gliederung von Form und Farbe, die Lebensfreude (trotz äußerlicher Armut – mit unserem Maßstab gemessen) erfassend ebenso das Flüchtige, Vergängliche, das Nicht-Feste, Nicht-Überdauernde – in diesem Sinne scheint mir auch dieses Bild ein Beispiel zu sein, wie Wisa von Westphalen im Konkreten das Allgemeine des Lebens in symbolischer Weise darstellt und vermittelt.

Ja, das Schöne – ohne pathetische Überhöhung, herb und zuweilen geheimnisvoll – das Schöne, das zugleich auch wahr ist, wird dargestellt, das uns bewahrt werden sollte, das, was wir lieben – eben weil wir – wie Wisa v. Westphalen – auch das Zerstörerische kennen. Vielleicht sind es gerade diese Bilder, die uns Mut machen, es mit dem Leben zu wagen.

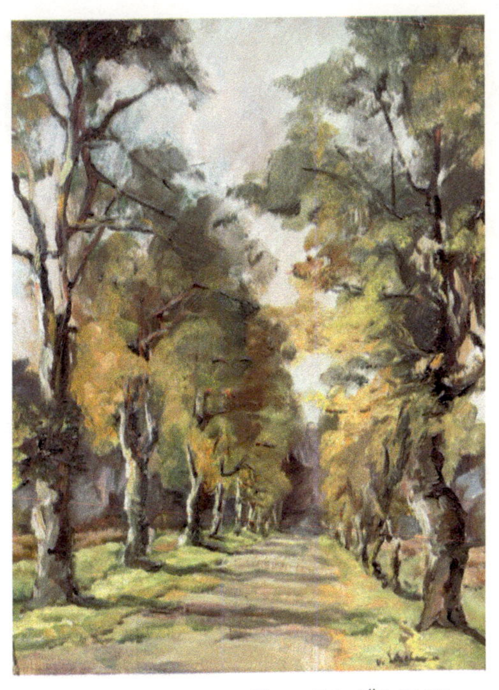

Der Birkenweg zur Gipsmühle (Öl, 1963)

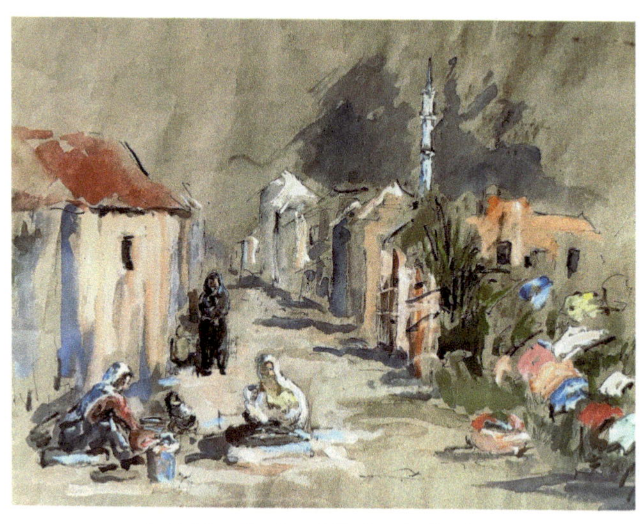

Lattakia – Syrien (Mischtechnik 1957)

Die lebensinterpretative Funktion von Kunst.
Zum künstlerischen Verständnis
Wisa v. Westphalens

von Raban Graf von Westphalen

Alltagsverständnis wie aber auch das traditionelle kunstsoziologische Verständnis nähern sich einem Kunstwerk in erster Linie aus der Perspektive individueller Wirkung. Der Frage nach den Bedingungen der Genese eines Kunstwerks dagegen – also etwa den psychologischen Faktoren künstlerischer Existenz, den unterliegenden sozialen Weltbildern und Auffassungen des Künstlers – wird weit weniger Beachtung geschenkt. Meine Vorstellung richtet sich stärker darauf, eben diese gesellschaftlichen Faktoren des Entstehungszusammenhanges eines Kunstwerks zu berücksichtigen, um von daher einen Blick für den ganzheitlichen Wirkungszusammenhang von Kunst als eben auch und zugleich einem gesellschaftlichen Produkt zu gewinnen.

In der angemessenen Behandlung des Entstehungskontexts von Kunst vermute ich auch eine Antwort auf die Frage, warum bestimmte Kunstprodukte in erkennbarer Weise zur Wirkung gelangen – also etwa auf dem Kunstmarkt -, und warum andere nicht. Um hier nicht missverstanden zu werden: Es geht nicht darum, in schlichter Form „Kunst" auf „Gesellschaft" zu reduzieren, aber in dem Maße, in dem es gelingt, den Einfluß der Gesellschaft auf Genese und Produktion von Kunst transparent zu machen, wird es gelingen, die der Kunst ihren eigentlichen Wert gebende künstlerisch-kreative Komponente angemessen zu behandeln, oder besser: sichtbar zu machen.

Als Ergebnis künstlerischen Handelns gehört es zur Vielschichtigkeit eines Kunstwerkes, den Künstler als ein den gesellschaftlichen Sozialisationsbedingungen ausgesetztes Mitglied zu begreifen und die Intentionalität künstlerischer Hervorbringung im Verständnis einer allgemeinen Handlungstheorie zu deuten. Stimmt dieser gedankliche Ansatz, so kommen wir der Beantwortung der Frage nach dem, was denn Kunst ausmacht, ein erhebliches Stück näher. Gelingt es plausibel, allgemeines Handeln als Subjekt mit dem künstlerischen Handeln über eine Theorie bildender Kunst zusammenzufügen, erfährt der Begriff der Kunst seine geistige Fassung.

Kunst als Symbol

Als verbindendes Element dieses Anspruchs bietet sich seit den 1920er Jahren der im Gebrauch befindliche Begriff des künstlerischen Symbols an. Der Rückgriff auf den Symbolbegriff liegt vielleicht auch deshalb nahe, als alle großen den Menschen orientierenden Auslegungsformen von Weltdeutung – so vor allem die Sprache oder die Religion, aber auch die Mythologie und die Wissenschaft – symbolische Systeme sind, welche uns handlungssichernd und handlungsleitend den Alltag interpretieren .

Es wäre ja ein erhebliches Missverständnis anzunehmen, dass die uns umgebende Welt ein originärer, sozusagen natürlicher Kosmos sei und wir uns nur in ihr bewegten. Erst indem wir uns einen symbolischen, kulturellen Raum schaffen, sind wir überhaupt in der Lage, uns in der überkomplexen und inkontingenten Welt handelnd zu verhalten. Mittels symbolischer Formen eignen wir uns die Welt an, reduzieren diese Komplexität und schaffen so Verhaltenssicherheit, Deutung und Handlungsorientierung.

Wenn wir „Symbol" als ein sinnliches Zeichen verstehen, an welches ein geistiger Bedeutungsinhalt gebunden ist, so lässt sich jedwede kulturelle Organisation einer Gesellschaft als eine bestimmbare Struktur ihrer Symbole verstehen. In den sinnlichen Symbolen – so etwa der Malerei – spiegelt sich dieser Auffassung nach die reale Welt. Und vor diesem Hintergrund gelangt man zu der Auffassung, dass Kunst – wie alle übrigen Symbolsysteme – nicht bloße Nachahmung oder Verdoppelung gegebener Wirklichkeit ist, sondern eben lebensinterpretative Auslegung, Deutung und zugleich Erklärung menschlicher, existentieller Verwiesenheit.

Kunst als Lebensinterpretation

Im künstlerischen Schaffensprozess verdichtet und konkretisiert sich die individuelle Wahrnehmung des Künstlers mit der quasi objektiven Symbolwelt der Gesellschaft. Man kann hinzufügen: Mittels ästhetischer Medien – so der Farben, der Sprache oder der Töne.

Der Kunsttheoretiker und Museumsdirektor Werner Hofmann (1928-2013) hat in seiner maßgeblichen Arbeit über die Grundlagen der modernen Kunst angemerkt, daß die vier Maler, die dem 20. Jahrhundert die Grundlagen erarbeiteten – Paul Gauguin (1848–1903), Georges Seurat (1859–1891), Vincent van Gogh (1853-1890) und Paul Cézanne (1839–1909) – eben diesen Zusammenhang zur Grundlegung brachten, indem sie die gegenständliche Welt mit bestimmten und bestimmbaren Symbolen geistig transparent machten. So etwa, wenn van Gogh einen Liebesakt über die symbolische Verbindung zweier Komplementärfarben andeutet. Dieses Beispiel verweist zugleich auf eine besondere Schwierigkeit künstlerischer Symbolsprache: Sie ist weit weniger konventionalisiert als andere Symbolsysteme, vor allem etwa als die Sprache. Daher ist moderne Kunst symboloffener, und es wäre zu fragen, ob die Zerrissenheit gegenwärtiger Kunstformen, deren Verständnis immer wieder Schwierigkeiten bereitet, Ausdruck der Auflösung der Gesellschaft in fragmentierte Sozialbereiche mit je eigenen Symbolwelten ist.

Meine Hinweise auf die Verbindung von künstlerischem Handeln und der Bestimmung, nach welcher Kunst als symbolisches Handlungsergebnis zu verstehen ist, sollte die Verflechtung jedweden Kunstwerks mit der gesellschaftlichen Kultur erklären.

Kunst und Gesellschaft

Das Wechselverhältnis zwischen dem Künstler als dem kunstproduzierenden Individuum und dem Kunstrezipienten ist dadurch gekennzeichnet, dass dieses sich erst im Kunstwerk konkretisiert.

Die Beziehung des Künstlers zu seinem Werk ist die eines schöpferischen Aktes; diejenige des Betrachters zum Kunstwerk die eines sinngebenden, interpretatorischen Aktes.

Die Distanz bzw. Adäquanz zwischen dem Interpretationsniveau eines Kunstwerks und dem Rezeptionsniveau des Kunstbetrachters wird von beiden Seiten her wesentlich von den bestimmenden soziostrukturellen Einflüssen gestaltet. Sehr deutlich nachvollziehbar ist dies auf dem Gebiet des Geschmacks, man kann auch sagen der ästhetischen Sozialisation, welche auf der Polarität von „schön" bzw. „häßlich" beruht. Geschmack wird keineswegs nur von rein ästhetischen Faktoren geprägt, sondern stets von einer Reihe sozialer Einflüsse mitgestaltet. Im anderen Falle wäre der Umstand nicht zu verstehen, nach welchem gesell-

schaftliche Differenzierung mit je eigener Geschmacksbildung einhergeht. So erklärt sich auch zum Teil die
verschiedentlich zu beobachtende, fast nachgerade
feindselige Haltung gegenüber neuartigen Kunstwerken weniger mit oder durch das Kunstwerk selbst,
sondern weit eher durch das Verhältnis zu dem, was
in der Gesellschaft als Kunst bezeichnet wird. Die Ablehnung moderner, bisher unbekannter Kunstformen
durch den Betrachter ist so eher der Versuch einer
Kompensation von Furcht gegenüber dem neuen, für
dessen Beurteilung noch keine gesellschaftlich sanktionierten Maßstäbe verfügbar sind. Es kann nicht sinnvoll sein, dem angesichts neuer künstlerischer Ausdrucksformen sich resignierend oder aggressiv verhaltenden Betrachter mangelnde Kunstkompetenz zum
Vorwurf zu machen. Die Frage ist vielmehr, inwieweit
kann ich die Distanz zwischen der durchschnittlichen
Auffassung durchschnittlich Vieler – so würde ich an
dieser Stelle Zeitgeist eingrenzen – mit dem Anspruchsniveau des Künstlers verringern.

Der bildende Künstler kann den Aussagemodus,
das interpretative Niveau seines Werkes nicht ohne
Rücksicht auf die Rezeptionsfähigkeit seines Publi-

kums formulieren. Anders gesagt: Er kann sich nicht gänzlich der Zeitgeist beherrschenden Auffassung von Kunst entziehen. Es ist ein wesentliches Kennzeichen der modernen Kunst, dass sie sich von kanalisierenden Einschränkungen traditioneller Ästhetik befreit oder gelöst hat und dass dieser Prozess noch keineswegs an sein Ende gekommen ist. Mit der Absage der modernen Kunst vor allem an die regulativen Maßstäbe ästhetischer Tradition hat sich die Malerei den Raum eröffnet, um auf das Bewusstsein des Betrachters lebensinterpretativ einzuwirken; mit anderen Worten:

Sie hat sich dadurch die Möglichkeit eröffnet, Alltagsverständnis und Alltagsinterpretation zumindest mitzuformen. Mir scheint, dass allen kulturkritischen Unkenrufen zum Trotz in dieser dialektischen Neubestimmung der Funktion von Kunst ihre Anpassungsfähigkeit an den gesellschaftlichen Wandel offenbar wird, und die wachsende Zahl von Kunstinteressierten – so scheint mir – sind dafür Beleg.

Zusammenfassung

Ich komme - mit Blick auf auf lange Gespräche mit meiner Mutter - zu folgendem Ergebnis: Wenn vorstehend davon gesprochen wurde, Kunst als spezifische Form von Erkenntnis, als Zugang zur Welt und insofern als Form künstlerischer Welterkenntnis – neben Religion, Wissenschaft, Literatur oder Philosophie – aufzufassen, so deutet sich an, dass Kunst nicht auf Nachahmung der Natur zielt, sondern auf einen eigenen Entwurf lebensweltlicher Interpretation mit dem Ziel intersubjektiver Deutung und Verständigung.

Vom Ziel her gedacht ist die in der Kunst vermittelte Erfahrung vergeistigte Sinnlichkeit und beansprucht, von jedermann nachvollziehbar zu sein: Sie beansprucht Erkenntnisqualität. Die Bedeutung eines Kunstwerks bemisst sich m.E. folglich darin, wie viel es zur Erkenntnis, dem Erfassen und der geistigen Durchdringung von „Welt" beiträgt. Denn die geistige Autonomie des Menschen gegenüber seiner Lebenswelt kann als Zweck und zugleich als Ursprung von Kunst als Lebensinterpretation bezeichnet werden. Und es ist nicht vermessen zu sagen, dass ihre lebensweltliche Ausgangsproblematik die Suche nach dem guten Leben, nach einer dem Menschen zuträglichen Existenzform ist.

Gefragt nach dem Charakteristikum der Kunst

Wisa von Westphalens, so war es – wie mir heute scheint – eben diese Suche mit künstlerischen Mitteln. In seiner Kritik der ästhetischen Urteilskraft hat Immanuel Kant (1724-1804) diesen Zusammenhang eindringlich formuliert: „Ich räume nun zwar gern ein, daß das Interesse am Schönen der Kunst (...) gar keinen Beweis einer dem Moralischguten anhänglichen, oder auch nur geneigten Denkungsart abgebe. Dagegen aber behaupte ich, daß ein unmittelbares Interesse an der Schönheit der Natur zu nehmen (...) jederzeit ein Kennzeichen einer guten Seele sei". Ohne jede Überhöhung dürfte dieses Urteil auch auf Wisa von Westphalen anwendbar sein.-

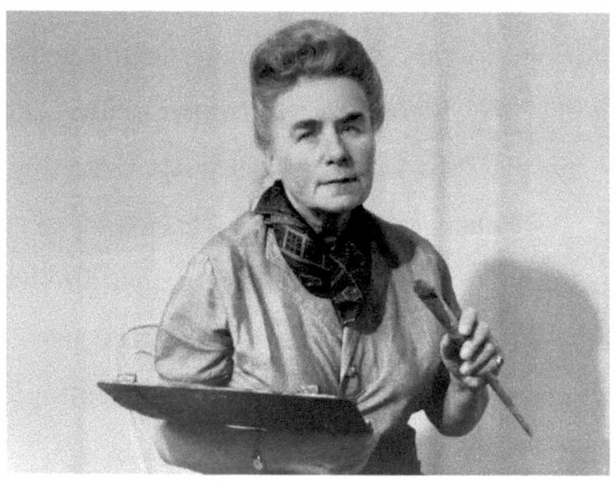

Wisa von Westphalen, ca. 1960

I. Kollektivausstellungen:

1943 Berufsverband Münchner Künstler, München
1960 Freie Künstlergemeinschaft "Schanze", Münster
1960-1965 Kunstkreis Lippe-Ravensberg
1965, 1966 Haus der Deutschen Kunst, München
1968 Internationale Künstler sehen Tier und Jagd, München
1969 Deutsche Maler sehen die Provence, Stuttgart
1974 Kunstkreis Hofgeismar
1980 Ausstellung zu Ehren des Malers Prof. Kohl-schein, Warburg

II. Einzelausstellungen und Reisen:

1929/1939 Italien
1939/1971/1975/1984 Norwegen/Spitzbergen
1939/1951/1955/1968/1974 Südfrankreich/Provence
1947-1969 Kunstkabinett Henze, Höxter
1952/1958 Tessin
1952/1970/1979 Spanien/Andalusien
1956/1985 Ägypten
1959 Vorderer Orient
1960/1973 England/Nord-/ Mittelengland
1961 Galerie Malura, München
1962/1984 Unteritalien
1962/1972/1988 Ägäis/Kreta
1963/1972/1986 Frankreich/Normandie, Bretagne, Périgord;
1964/1982/1986/1988 Jugoslawien/Griechenland
1967/1968/1969/1980/1986/1990 Nord-Ostafrika,

Südafrika
1967 Chodroff-Galeries, New York
1967/1969/1971/1974/1977 Staatsbad Salzuflen
1968/1970/1975 Staatsbad Oeynhausen
1971 Staatsbad Nauheim
1970 Galerie May, Düsseldorf
1970 Galerie Dahms, Wiesbaden
1970 Heinrich-Hertz-Haus, Karlsruhe
1971 Godenwind, Bremen
1973/1976 Galerie Münster
1973 Kunstkabinett Fischer, Bielefeld
1975 Kleine Galerie, Kassel
1976 Galerie Friedmann, Gütersloh
1979 Atelierausstellung in der Gipsmühle
1980 Brasilien, Karibik, Irland
1982 Brückentorgalerie, Traben-Trabach
1983 Jordanien, Israel
1983 Atelierausstellung in der Gipsmühle
1983 Moskau, Leningrad
1983/1989 Galerie Neuheisel, Saarbrücken
1985 Kolumbien, Ecuador, Galapagos
1986 Europäischer Skulpturenpark, Willebadessen
1987 Receptur, Kronberg
1988 Feuerland, Patagonien, Osterinseln
1989 Indonesien, Sumatra, Java
1997, 2003, 2016 Katholische Landvolkshochschule
 Hardehausen
2018 Schloss Willebadessen
2023 Helmern

Literaturauswahl

Uta Schoffer: Ein Betrag zum künstlerischen Schaffen der Malerin Wisa von Westphalen. Detmold 1992.

Wisa von Westphalen: Ein Leben für die Malerei. Tagebuchzeichnungen 1929-1972. Willebadessen/Helmern 1993.

Raban Graf von Westphalen (Hg.): Wisa von Westphalen – Ein Leben für die Malerei. Nachtrag 1997. Mit Beiträgen von Gerhard Ortner, Tasso Minkner und Gerlinde Gräfin von Westphalen. Großbodungen 1997.

Gerlinde Gräfin von Westphalen / Raban Graf von Westphalen (Hg.): Gedenkschrift zum 90.ten Geburtstag Wisa von Westphalens. Mit einem Beitrag von Tasso Minkner u.a. Großbodungen 2000.

Dies. (Hg.): Zwei Frauen aus Helmern: Die Malerin Wisa Gräfin von Westphlaen und die Äbtissin Benedicta Freiin von Spiegel-Peckelsheim OSB. Großbodungen 2018.

Gerlinde Gräfin von Westphalen: Lady Abbess. Benedicta von Spiegel – Politische Ordensfrau in der NS-Zeit. Münster, 2. überarb. Auflage 2023.

Dies.: Ein Warburger Landrat in der NS-Zeit: Joseph Freiherr Spiegel von und zu Peckelsheim (1878-1949), in: Jahrbuch Höxter 2023. Erscheint Ende 2023.

Dies.: Katholischer Sauerbruch gesucht. In: FAZ v. 21. Sept. 2022, S. N3.

Dies. / Raban Graf von Westphalen (Hg.): Wilhelm von Westphalen – In diesem Käfig sitzen wir zu fünft. Briefe aus dem Wehrmachtgefängnis Fort Zinna / Torgau 1944 an die Verlobte Aloysia von Spiegel. Norderstedt 2023.

Abbildungsnachweis

S. 8 Wisa v.Westphalen: Selbstportrait (Öl, 1975)

S. 33 Rittergut Helmern mit der Gipsmühle (Stahlstich 1870)

S. 34 oben: Äbtissin Benedicta v. Spiegel (posthum von Wisa v. Westphalen gemalt 1959, Öl)

S. 34 unten: Wilhelm v. Westphalen (Mischtechnik, 1970)

S. 46 Foto Familienangehörige v. Spiegel ca. 1930

S. 107 Photo Wisa u. Wilhelm v. Westphalen, 1944

S. 108: Photos Gut Pannwitz 1944 und Gipsmühle 1980

S. 121 oben: Die Münchner Malklasse von Peter Kálmán, ca. 1940

S. 121 unten: Die Malerin in ihrem Atelier 1972

S. 122 Kreidezeichnung Wisa v. Westphalen ca. 1935

S. 133 Wisa v. Westphalen: Der Birkenweg zur Gipsmühle (Öl, 1963)

S. 134 Wisa v. Westphalen: Lattakia – Syrien (Mischtechnik 1957)

S. 144 Photo Wisa v. Westphalen, ca. 1960

Zu den Herausgebern

Gerlinde Gräfin von Westphalen, Dr. Phil., studierte Germanistik, Philosophie und Politikwissenschaft in Trier, Köln und Berlin. 20 Jahre leitete sie eine eigene Kunstgalerie in Thüringen und kuratierte Ausstellungen. Seit 2020 lebt sie in Paderborn als Publizistin. Ihre Biographie: Die letzte Fürstin - Anna Luise von Schwarzburg (1874-1950) liegt in der 5. Auflage vor. Zuletzt erschien im Aschendorff Verlag Münster die Biographie: Lady Abbess. Benedicta von Spiegel (1874-1950) – Politische Ordensfrau in der NS-Zeit. 2. Auflage 2023.

Raban Graf von Westphalen, Dr. Phil., Professor em. für Öffentliches Recht und Politikwissenschaft an der Technischen Hochschule Berlin. Studium der Geschichte, Politikwissenschaft, Jura und Geographie, Promotion an der Universität Freiburg 1978. Forschungsschwerpunkte: Verfassungsgeschichte, Regierungslehre, Kulturgeschichte. Zuletzt erschien: Tue was Du tun musst – komme was da wolle. Ein Beitrag zur Westphälischen Familiengeschichte. Paderborn 2021; Hg.: Philipp von Boeselager: Mein Weg zum 20. Juli 1944. Norderstedt 2022; Hg. Der Siebenjährige Krieg im Hochstift Paderborn. Norderstedt 2023.